Kogumaitan

作りたい！贈りたい！

世界で1番

かわいい

お菓子

こぐまいたん

cafe

はじめに

こんにちは。
かわいいお菓子を作ってレシピをSNSに投稿している、こぐまいたんです。

私の作るお菓子は顔が描いてあったり、
賑やかなデコレーションがしてあったりと、
とにかく見た目をかわいくしているのが特徴です。
"普通"が嫌いなので (笑)、とにかくかわいくて人と被らない、
珍しいものを作るよう心がけています。

この本では、そんなかわいいお菓子のレシピを60品紹介しています。
お菓子作りが苦手な方にも挑戦してほしい簡単レシピや、
お子さんと一緒にお菓子作りを楽しめるような
レシピもたくさん収録しています。
プレゼントにぴったりなお菓子も盛りだくさんです。

パラパラと眺めながら、
「これを作ってみたいな」と思っていただけたら嬉しいです。
初心者の方も、お子さんと一緒にお菓子作りをしたい方も、
ぜひ楽しみながら作ってみてください!

Contents

はじめに 2

この本でよく使う道具 8
こんな型を使っています 9
お菓子を作る前に
　チョコペンを使う時のポイント 10
　細いチョコペンの作り方 11
　目玉の作り方 12
　目玉の作り方は他にもある 13
本書の使い方 14

Chapter1
小さな焼き菓子

着ぐるみ絞り出しクッキー 16
チョコくまミニブッセ 18
クッキー型で作るガレットブルトンヌ 20
アニマル柄クッキー 22
お花クッキーサンド 26
ブラウニークッキー 28
ガナッシュクッキー 30
いちごジャムクッキー 32
いちごジャムパイ 34
鳥のショートブレッド 36

Chapter2
少し大きい焼き菓子

カヌレ 38
うさぎビスコッティ 40

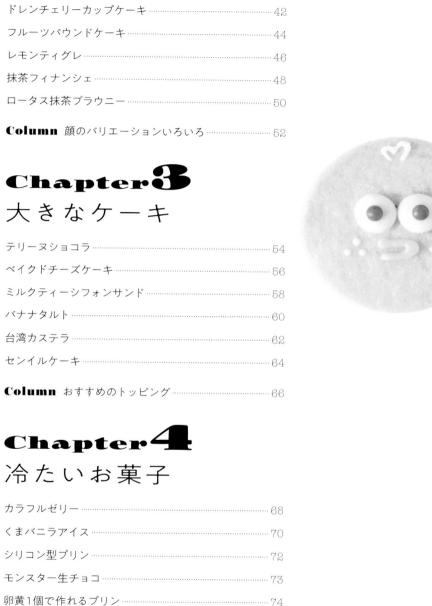

ドレンチェリーカップケーキ ……………………… 42

フルーツパウンドケーキ ……………………………… 44

レモンティグレ ……………………………………… 46

抹茶フィナンシェ …………………………………… 48

ロータス抹茶ブラウニー …………………………… 50

Column 顔のバリエーションいろいろ ………………… 52

Chapter 3
大きなケーキ

テリーヌショコラ …………………………………… 54

ベイクドチーズケーキ ……………………………… 56

ミルクティーシフォンサンド ……………………… 58

バナナタルト ………………………………………… 60

台湾カステラ ………………………………………… 62

センイルケーキ ……………………………………… 64

Column おすすめのトッピング ……………………… 66

Chapter 4
冷たいお菓子

カラフルゼリー ……………………………………… 68

くまバニラアイス …………………………………… 70

シリコン型プリン …………………………………… 72

モンスター生チョコ ………………………………… 73

卵黄1個で作れるプリン …………………………… 74

オレオチーズグラスケーキ ………………………… 75

Column かわいい写真の撮り方 …………………… 76

Contents

Chapter 5
ホットケーキミックスで作るお菓子

オレオブラウニー ………………………………… 78

オレオマフィン …………………………………… 80

くまダブルチョコスコーン ……………………… 82

くまシュークリーム ……………………………… 84

プリンカップケーキ ……………………………… 86

焼きチョコドーナツ ……………………………… 87

雲ソフトクッキー ………………………………… 88

Chapter 6
イベントごとのお菓子

ハート型ガトーショコラ ………………………… 90

いちごスモアクッキー …………………………… 92

クッキー板チョコ ………………………………… 94

ハートクッキー …………………………………… 96

ミイラマドレーヌ ………………………………… 98

コウモリかぼちゃマフィン ……………………… 100

脳みそメレンゲクッキー ………………………… 102

デコスティッククッキー ………………………… 104

クリスマスツリー＆トナカイ絞り出しクッキー …… 106

トナカイのパルミカレ …………………………… 108

Chapter 7
ドリンク

チョコレートボム ……………………………………… 110

バタフライピー雲ドリンク ………………………… 112

ダーティーラテ ………………………………………… 113

ホットチョコ …………………………………………… 114

レモネード ……………………………………………… 115

オレオミルク …………………………………………… 116

Chapter 8
トースター・レンジ・
市販品で作るお菓子

トースターでも焼けるモンスター塩クッキー ……… 118

トースターでも焼けるスコーンクッキー ………… 120

レンジで作れるブラウニー ………………………… 122

市販のサンドケーキで犬のハーフケーキ ………… 124

市販のチョコあ〜んぱんアレンジ ………………… 126

市販のチョコケーキアレンジ ……………………… 127

市販のビスケットでマシュマロサンド …………… 128

オレオロリポップ …………………………………… 129

Column かわいいラッピング方法 ………………… 130

主な食材別INDEX …………………………………… 132

この本でよく使う道具

お菓子作りをするうえでよく使う道具をご紹介。
作り始める前にチェックしてみてください。

お菓子作りに欠かせないもの

お菓子作りの必需品たち。オーブンでクッキーなどを焼く際、私はクッキングシートの代わりにシルパンやシルパットを使うことが多いです。繰り返し使えて、いろんなサイズのものがあるので、使いやすいものを1つ持っておくと便利ですよ。

ボウル

泡立て器

ゴムベラ

麺棒

ハンドミキサー

ふるい

カード

シルパンやシルパット

デコレーションに使うもの

私のお菓子のレシピは、ほぼすべてにデコレーションの工程があります。細かい作業になりますが、このひと手間でとびきりかわいいお菓子に仕上がります。

口金(丸型・星型)

クッキングシート

絞り袋

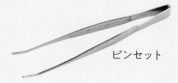

ピンセット

爪楊枝

こんな型を使っています

インターネットや100円ショップなど、いろんなお店で見つけて購入した、かわいい型たち。
この本でも様々な型を使っていますが、その一部をご紹介します。

クッキー型

ハート型やくま型、星型やシンプルな丸型などを使用しています。サイズも4cm程度の小さいものから、7cm程度のものまで。もちろん、お手持ちのクッキー型で作ることも可能です。

ケーキ型

パウンドケーキ型や紙のカップケーキ型はこの本でもよく使いますが、どちらも100円ショップで手に入れることができます。シリコン製のケーキ型もいろいろ使っているので、作ってみたいレシピに合わせて、型を用意してください。

チョコレート型

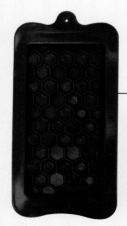

チョコボム型や板チョコ型などの、シリコン製のチョコレート型。インターネットで探して購入することが多いです。

お菓子を作る前に

チョコペンを使う時のポイント

主にクッキーに顔や絵を描く際に使うチョコペン。
きれいな丸が描けない、ツノが立ってしまうなど、意外と扱いにはコツが必要です。
チョコペンでデコレーションする時のポイントを紹介します。

すぐにチョコが固まって描けなくなる場合は、湯煎しながら使う

描いている途中でチョコペンがすぐに固まってしまう場合は、温めながら使うとスラスラ書けて便利！ 保存袋にチョコペンを入れ、湯を張ったボウルに浸けて、都度取り出して使いましょう。保存袋の中に湯が入らないよう、気をつけて。

描き終わりは円を描くように

描き終わりは、円を描くようにペンを離すときれいに仕上がります。そのままペンを離してしまうとツノが立ってしまったり、伸びてしまったりして、きれいな丸にならないことが多いです。

爪楊枝で整えてもOK

ツノが立ってしまった、変な形になってしまったという場合は、爪楊枝で整えましょう。

細いチョコペンの作り方

より繊細な模様やイラストを描く時は、
クッキングシートで作る細いチョコペンを
使いましょう。

1

クッキングシートを10cm程度の長さに切り、先が尖るようにくるくるときつめに巻いて、コルネを作る。

2

丸めたら、一度しっかり折り目を付ける。

3

マスキングテープでぐるりと一周巻き、留める。テープが短いとうまくくっつかないので、長めに一周テープでしっかり留めましょう。2か所留めると、より丈夫になります。

4

上の余分な部分を切り落とす。

5

コルネの中に溶かしたチョコペンを入れ、空気を抜くようにして上から折りたたむ。

6

先端を少しだけ切る。この時、切りすぎると太めのチョコペンになるので注意。

7

切る箇所によって好きな太さに調節できるので、自分の好みの太さにして使ってください。この細いチョコペンも、湯煎しながら使うとスラスラ書けます！

お菓子を作る前に

目玉の作り方

この本でよく出てくる、目玉付きのお菓子。
ここでは目玉の作り方と貼り付け方をご紹介します。
同じ方法で鼻や口も作れるので、自分好みの顔に仕上げたい時に活用してみてください。

白目を作る

クッキングシートの上に、白いチョコペンで白目を作る。大きさはお菓子のサイズに合わせて、バランスを見てください。まな板やトレイにクッキングシートをテープで貼り付けておくと、ズレることがなく描きやすいです。

爪楊枝で形を整える

ツノが立っている場合は、爪楊枝で形を整える。白目が描けたら、少し置いて固めましょう。

黒目を描く

白目が固まったら、黒のチョコペンで黒目を描く。描き終えたら冷蔵庫に入れ、冷やし固める。黒以外のチョコペンで描いてもかわいくなります。

**貼り付けるところに
チョコを垂らす**

目玉を貼り付けるところに、チョコペンで少量のチョコを垂らす。

目玉を貼り付ける

チョコが固まらないうちに、目玉を貼り付ける。目玉はピンセットで扱うのがおすすめ。

目玉の作り方は
他にもある

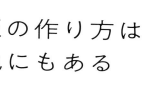

白目を作って貼り付ける

クッキングシートの上で白目だけ作り、
固まったらお菓子に貼り付ける。

黒目を描く

黒のチョコペンで黒目を描く。

**いろんな目玉や鼻を作って、
貼り付けてみて**

普通の目玉以外にも、あっちを向いてい
る目玉や、目を閉じているものなど、バ
リエーションはたくさん。いろんな目玉
を作って、いい表情のお菓子に仕上げて
ください。

本書の使い方

卵アレルギーの方でも大丈夫なレシピは、
アイコンでわかりやすく!

お花クッキーサンド
やわらかいガナッシュを挟んだクッキー。並べるだけで簡単にお花形になります。

Sandwiched Cookie

小さな焼き菓子

材料 約6cm大・3個分

バター(無塩) ----- 50g
アーモンドプードル ----- 50g
薄力粉 ----- 50g
粉糖 ----- 30g
食用色素(黄) ----- 適量
[ガナッシュクリーム]
板チョコレート(ホワイト) ----- 60g
牛乳 ----- 20g

事前準備
・バターは室温に戻す
・オーブンは180℃に予熱する

作り方
1 ボウルにバターを入れ、泡立て器でクリーム状になるまで混ぜる。
2 アーモンドプードル、薄力粉、粉糖をふるい入れて混ぜ、ある程度まとまったら手でひとまとめにする。
3 生地を⅓量取り、黄色の食用色素を加えてよくこねる。
4 黄色の生地を1.5cm程度の大きさに丸め、シルパットの上に間隔を空けて4個置く。
5 プレーン生地を1.5cm程度の大きさに丸め、4の黄色の生地の周りに5個ずつ置く。プレーン生地を1.5cm程度の大きさに丸め、間を空けて2個置き、その周りに1.5cm大の黄色の生地を5個ずつ置く。
6 180℃のオーブンで15~20分焼く。焼き上がったら冷ます。
7 ボウルに板チョコレートと牛乳を入れ、湯煎にかける。分離しないよう、溶け始めたらすぐに混ぜる。
8 冷蔵庫に入れて少し冷やし、絞れるくらいの硬さにして口金(大型 #のもの)をつけた絞り袋に入れる。
9 クッキーが冷めたら#を絞り、同じ色のクッキーで挟む。

コツが必要なプロセスには、
写真も掲載。

・材料の表記は1カップ＝200ml(200cc)、大さじ1＝15ml(15cc)、小さじ1＝5ml(5cc)です。

・レシピには目安となる分量や調理時間を表記していますが、様子を見ながら加減してください。

・焼き時間は、使用するオーブンや焼くものの大きさによって異なります。様子を見ながら加減し、途中で焦げそうになったらアルミホイルを被せてください。

・飾りで使用した材料は明記していないものがあります。お好みで追加してください。

・レシピにはオーブンを使用する際、天板にシルパットを敷くと表記していますが、シルパット、シルパン、クッキングシートなどお手持ちのものを使用してください。

小さな焼き菓子
____

着ぐるみ絞り出しクッキー

2種類の生地を使って、着ぐるみ風に。
くまやうさぎ、犬など好きな形で作ってみてね。

Costume
Cookie

材料　約6cm大・23枚分

[**プレーン生地**]

バター（無塩）……60g
砂糖……60g
卵黄……1個分
牛乳……30g
バニラエッセンス……3〜4振り
薄力粉……100g

[**チョコレート生地**]

バター（無塩）……60g
砂糖……60g
卵黄……1個分
牛乳……30g
バニラエッセンス……3〜4振り
薄力粉……90g
ココアパウダー……10g

[**デコレーション**]

チョコペン（黒、白）……各1本
製菓用のコイン型チョコレート
（スイート）……23個

事前準備

・バターは室温に戻す
・オーブンは170℃に予熱する

作り方

1 ボウルを2個用意し、それぞれに [**プレーン生地**] [**チョコレート生地**] のバターと砂糖を入れ、泡立て器で混ぜる。

2 白っぽいクリーム状になったらそれぞれに卵黄を加えて混ぜ、牛乳、バニラエッセンスを加えて混ぜる。

3 プレーン生地のボウルに薄力粉、チョコレート生地のボウルに薄力粉とココアパウダーをそれぞれふるい入れ、ゴムベラで粉っぽさがなくなるまで混ぜる。

4 絞り袋を2つ用意してそれぞれに口金（星型・細めのもの）をつけ、生地を入れる。シルパットの上にプレーン生地で直径4cm程度に丸く絞り出す。

5 その周りにチョコレート生地をぐるりと一周絞り、耳を絞る。この時にチョコレート生地が直径6cm程度になるようにする。

6 170℃のオーブンで15分程度焼く。

7 焼き上がったら冷まし、その間にチョコペンで目玉を作る。冷めたら目玉と、コイン型チョコレートを鼻にして貼り付ける。

チョコくまミニブッセ

コロンと小さく、ふわふわなブッセ。バレンタインデーにもおすすめ。

Chocolate

材料　約4cm大・12個分

卵……1個
砂糖……30g
薄力粉……25g
ココアパウダー……5g

[**ガナッシュクリーム**]
　板チョコレート（ダーク）……60g
　牛乳……30g

[**デコレーション**]
　チョコペン（黒）……1本
　　＊細いチョコペン使用（P11参照）

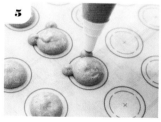

事前準備

・オーブンは170℃に予熱する

作り方

1 卵は卵黄と卵白に分け、それぞれボウルに入れる。

2 卵白のボウルに砂糖を3回に分けて加え、その都度ハンドミキサーで泡立てる。ツノが立ち、持ち上げても落ちない程度のかたさになるまで泡立てる。

3 卵黄を加え、泡立て器で全体が馴染むまで軽く混ぜる（混ぜすぎないように）。

4 薄力粉とココアパウダーをふるい入れ、ゴムベラで粉っぽさがなくなるまでさっくり混ぜる。

5 絞り袋に口金（丸型・細めのもの）をつけて**4**を入れ、シルパットの上に4cm弱に丸く絞り、耳も絞ってツノが立っている部分を爪楊枝でならす。同様にあと11個作る。下側になる部分は、4cm弱の大きさに丸く絞り、同様にあと11個作る。

6 170℃のオーブンで10～12分焼く。

7 板チョコレートと牛乳をボウルに入れ、湯煎にかける。分離しないよう、溶け始めたらすぐに混ぜる。

8 よく混ざったら冷蔵庫で5～10分冷やして絞れるくらいのかたさにし、絞り袋に口金（丸型・細めのもの）をつけて入れる。

9 **6**は焼き上がったら冷まし、耳付きの20個に細いチョコペンで顔を描く。

10 下側になるブッセに**8**を絞り、顔を描いたブッセで挟む。

Memo｜ガナッシュクリームの代わりにホイップクリームを絞るのもおすすめ。

クッキー型で作るガレットブルトンヌ

ホロホロと崩れる食感がおいしい。手持ちのクッキー型で作ってみてね。

Galette
Bretonne

材料　約5cm大・20枚分

バター（無塩）……100g

砂糖……60g

卵黄……1個分

塩……2g

薄力粉……140g

アーモンドプードル……40g

ベーキングパウダー……5g

卵黄（つや出し用）……1個分

事前準備

・バターは室温に戻す

・オーブンは170℃に予熱する

作り方

1 ボウルにバターと砂糖を入れ、泡立て器で白っぽいクリーム状になるまで混ぜる。

2 卵黄と塩を加え、混ぜる。

3 薄力粉、アーモンドプードル、ベーキングパウダーをふるい入れ、ゴムベラでさっくり切るように混ぜる。粉っぽさがなくなり、まとまったらOK（混ぜすぎないように）。

4 ボウルにラップをかけ、冷蔵庫で1時間休ませる。

5 ラップを敷いた上に生地をのせ、上にもラップをかけて、麺棒で1cm程度の厚さに伸ばす。

6 生地をラップで包み、冷凍庫で10〜15分冷やす。

7 生地を冷凍庫から取り出し、好みの型で型抜きする。残った生地は1つにまとめて再び1cm程度の厚さに伸ばし、冷凍庫で冷やしてから型抜きする。

8 ハケで表面につや出し用の卵黄を塗り、フォークで模様をつける。

9 170℃のオーブンで20分程度焼く。焼き上がったら冷ます。

アニマル柄クッキー

ちょっと工夫するだけで4つの動物が完成！

Animal
Cookie

材料

ゼブラ	約5cm大・4枚分
牛	約5cm大・4枚分
ヒョウ	約5cm大・4枚分
キリン	約7cm大・6枚分

バター（無塩）……100g

砂糖……80g

溶き卵……1個分

薄力粉……230g

食用色素（黄）……適量

ココアパウダー……適量

ブラックココアパウダー
　　……適量（黒の食用色素でも可）

7

事前準備

・バターは室温に戻す

・オーブンは180℃に予熱する

作り方

1 ボウルにバターと砂糖を入れ、泡立て器でクリーム状に
なるまで混ぜる。

2 溶き卵を3回に分けて加え、その都度よく混ぜる。

3 薄力粉をふるい入れ、ゴムベラでさっくりと、粉っぽさが
なくなるまで混ぜる。

4 ボウルにラップをかけ、冷蔵庫で1時間休ませる。

5 生地を2等分し、片方をプレーン生地、もう片方を着色用
生地とする。

6 着色用生地をさらに半分にし、片方に黄色の食用色素を
加え、色が均一になるまでこねて黄色の生地を作る。

7 残りの着色用生地はさらに半分にし、片方にはココアパ
ウダーを加えて茶色に、もう片方にはブラックココアパウ
ダーを加えて黒にする。プレーン生地は3等分にする。

8〜11 は次のページに続く

8 各動物の柄のように生地を成形する。

ゼブラ
ラップの上にプレーン生地を1つのせ、麺棒で5mm厚さに伸ばす。黒の生地を取って細長く伸ばし、プレーン生地の上にランダムに置く。

牛
ラップの上にプレーン生地を1つのせ、麺棒で5mm厚さに伸ばす。黒の生地を取って小さめの丸をいくつか作り、プレーン生地の上に置く。

9 それぞれの生地を麺棒で軽く伸ばし、馴染ませる。

10 それぞれ好みの型で抜いたり、包丁で成形したりして、シルパットにのせる。

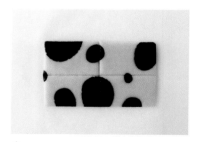

ゼブラ
4cmの丸型で型抜きする。

牛
端を切り落として長方形にし、縦横2等分にする。

11 180℃のオーブンで15〜20分焼く（焦げそうな場合は、途中でアルミホイルを被せる）。焼き上がったら冷ます。

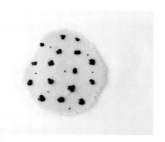

ヒョウ

ラップの上にプレーン生地を1つのせ、麺棒で5mm厚さに伸ばす。茶色の生地を取って小さめの丸をいくつか作り、プレーン生地の上に置く。黒の生地を取って細長く伸ばし、少しずつちぎりながら茶色の丸を縁取るように置く。ごく少量の黒の生地を丸め、ランダムに置く。

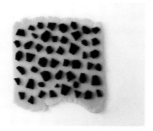

キリン

ラップの上に黄色の生地をのせ、麺棒で5mm厚さに伸ばす。別のラップの上に茶色の生地をのせ、麺棒で3mm厚さに伸ばし、小さめの四角形や多角形がたくさんできるように切る。黄色の生地の上にランダムに茶色の生地を置く。

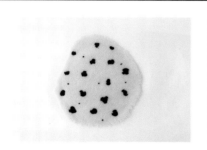

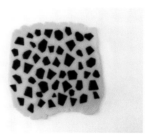

ヒョウ

4cmのくま型で型抜きする。

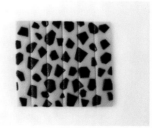

キリン

端を切り落として長方形にし、縦6等分にする。

お花クッキーサンド

やわらかいガナッシュを挟んだクッキー。並べるだけで簡単にお花形になります。

Sandwiched
Cookie

卵 不 使 用

材料　約6cm大・3個分

バター（無塩）……50g

アーモンドプードル……50g

薄力粉……50g

粉糖……30g

食用色素（黄）……適量

［ガナッシュクリーム］

　板チョコレート（ホワイト）……60g

　牛乳……20g

事前準備

・バターは室温に戻す

・オーブンは180℃に予熱する

作り方

1 ボウルにバターを入れ、泡立て器でクリーム状になるまで混ぜる。

2 アーモンドプードル、薄力粉、粉糖をふるい入れて混ぜ、ある程度まとまったら手でひとまとめにする。

3 生地を1/3量取り、黄色の食用色素を加えてよくこねる。

4 黄色の生地を1.5cm程度の大きさに丸め、シルパットの上に間隔を空けて4個置く。

5 プレーン生地を1.5cm程度の大きさに丸め、**4**の黄色の生地の周りに5個ずつ置く。プレーン生地を1.5cm程度の大きさに丸め、間を空けて2個置き、その周りに1.5cm大の黄色の生地を5個ずつ置く。

6 180℃のオーブンで15〜20分焼く。焼き上がったら冷ます。

7 ボウルに板チョコレートと牛乳を入れ、湯煎にかける。分離しないよう、溶け始めたらすぐに混ぜる。

8 冷蔵庫に入れて少し冷やし、絞れるくらいの硬さにして口金（丸型・太めのもの）をつけた絞り袋に入れる。

9 クッキーが冷めたら**8**を絞り、同じ色のクッキーで挟む。

ブラウニークッキー

しっとりしていて濃厚。ブラウニーの食感が楽しめるクッキー。

Brownie
Cookie

材料　約5cm大・24枚分

板チョコレート（ダーク）
　　……100g（ミルクでも可）

バター（無塩）……30g

ブラウンシュガー……60g
　　（三温糖や上白糖でも可）

卵……1個

バニラエッセンス……4〜5振り

薄力粉……20g

ココアパウダー……10g

ベーキングパウダー……2g

[**デコレーション**]

　製菓用のコイン型チョコレート
　　（スイート）……24個

　チョコペン（黒、白）……各1本

事前準備

・オーブンは170℃に予熱する

作り方

1 耐熱ボウルに板チョコレートとバターを入れ、500Wの電子レンジで30〜40秒温め、混ぜて溶かす。

2 別のボウルにブラウンシュガー、卵、バニラエッセンスを入れ、泡立て器でよく混ぜる。

3 1に2を3回に分けて加え、その都度よく混ぜる。

4 薄力粉、ココアパウダー、ベーキングパウダーをふるい入れ、ゴムベラでさっくり混ぜる。

5 生地がやわらかすぎる場合は冷蔵庫で5分程度冷やし、絞れるくらいのかたさにする。

6 口金（丸型・細めのもの）をつけた絞り袋に入れ、シルパットの上に3〜3.5cmに丸く絞る。

7 170℃のオーブンで10分程度焼く。焼き上がったら冷ます。

8 コイン型チョコレートを半分に切り、チョコペンでクッキーにつけて耳にする。

9 チョコペンで目玉と鼻を作り、貼り付ける。

ガナッシュクッキー

チョコ生地×チョコガナッシュで、チョコ好きにはたまらない!
しっとり濃厚で食べ応えもあり。

Ganache
Cookie

材料　約6.5cm大・6個分

砂糖……100g
バター（無塩）……60g
溶き卵……1個分
バニラエッセンス……4〜5振り
薄力粉……160g
ココアパウダー……25g
ベーキングパウダー……2g

[**ガナッシュクリーム**]
　板チョコレート（ダーク）……80g
　生クリーム……60g

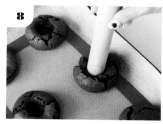

事前準備

・バターは室温に戻す
・オーブンは180℃に予熱する

作り方

1　ボウルに砂糖とバターを入れ、泡立て器で混ぜる。

2　溶き卵を3回に分けて加え、その都度よく混ぜる。バニラエッセンスを加えて混ぜる。

3　薄力粉、ココアパウダー、ベーキングパウダーをふるい入れて混ぜ、全体が混ざったら手で1つにまとめ、ボウルにラップをかけて冷蔵庫で30分〜1時間休ませる。

4　生地を6等分してそれぞれ丸め、シルパットにのせる。

5　180℃のオーブンで20分程度焼く。

6　焼いている間にガナッシュクリームを作る。ボウルに板チョコレートを入れ、湯煎にかけて溶かす。

7　生クリームを加えて素早く混ぜ、絞り袋に入れる。袋の先を少し切る。

8　クッキーが焼き上がったらすぐに麺棒などで上から潰し、窪ませる。

9　窪ませた部分に**7**を絞り、乾かしてクリームを固める。

Point │ ガナッシュクリームはスプーンですくって入れてもOK。

いちごジャムクッキー

くまと犬の形に作るジャムクッキー。
口を開けた顔がかわいい！

Jam
ookie

材料　約6cm大・9枚分

砂糖……45g

バター（無塩）……50g

卵黄……1個分

薄力粉……100g

いちごジャム……適量

[デコレーション]

　チョコペン（黒）……1本

　　　＊細いチョコペン使用（P11参照）

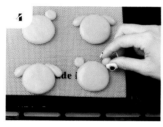

事前準備

・バターは室温に戻す

・オーブンは170℃に予熱する

作り方

1 ボウルに砂糖とバターを入れ、泡立て器でクリーム状になるまで混ぜる。

2 卵黄を加えて混ぜ、薄力粉をふるい入れ、ゴムベラで粉っぽさがなくなるまで、さっくり混ぜる（混ぜすぎないように）。

3 ボウルにラップをかけ、冷蔵庫で1時間程度休ませる。

4 生地を3cm程度の大きさに丸めて、シルパットの上に並べて平たくする。左右上部に1.5cm程度の丸を2つつければくまに、楕円形を2つつければ犬の形になるので、好みの形に成形する。

5 円柱状の棒や指先を使い、中心より少し下を丸く窪ませて口にする。

6 170℃のオーブンで15分焼き、一度オーブンから取り出して、窪ませた部分にいちごジャムを入れる。
Point │ 絞り袋を使うと入れやすい。

7 オーブンの温度を160℃にし、10〜15分焼く。

8 焼き上がったら冷まし、冷めたらチョコペンで顔を描く。

いちごジャムパイ

冷凍パイシートで簡単に！ サクサクの生地と程よい甘さがおいしい。

Jam
Pie

材料　約8cm大・6個分

冷凍パイシート（15×23.5cm）……2枚

溶き卵……1個分

いちごジャム……適量

[デコレーション]

　チョコペン（白、青）……各1本

事前準備

・冷凍パイシートは使用する5分前に室温に戻し、半解凍する

・オーブンは200℃に予熱する

作り方

1 半解凍したパイシート2枚をそれぞれ横長にして置き、横に半分、縦に3等分にし、正方形に近い形に切る。

2 6枚はシルパットに並べて、残りの6枚はそれぞれハート型（4cm程度）で型抜きし、くり抜いた生地とハート型の生地に分ける。

3 シルパットに並べたパイシートの表面に溶き卵を塗る。

4 くり抜いた生地を重ね、まわりをフォークで押さえて閉じる。

5 上にも溶き卵を塗り、ハート型に空いた部分にいちごジャムを入れる。ハート型の生地の表面にも溶き卵を塗る。
Point | ジャムは絞り袋を使うと入れやすい。

6 200℃のオーブンで20〜25分焼く。

7 焼き上がったら冷まし、チョコペンで目玉を作って貼り付ける。

鳥のショートブレッド

シンプルなショートブレッドをかわいく。お手持ちのクッキー型で作ってみて！

卵不使用

材料　約5cm大・7枚分

薄力粉……60g

バター（無塩）……30g

砂糖……20g

［デコレーション］

　チョコペン（白、青、黄）……各1本

事前準備

・オーブンは170℃に予熱する

作り方

1 ボウルにデコレーション以外のすべての材料を入れ、手でこねる。

2 全体が混ざったら1つにまとめ、ラップに包んで冷蔵庫で30分休ませる。

3 生地を麺棒で5mm厚さに伸ばし、型で抜く。

4 170℃のオーブンで12〜15分焼く。焼き上がったら冷ましておく。

5 チョコペンで目玉を作って貼り付け、トサカと口とそばかすを描く。

Short bread

少し大きい焼き菓子

カヌレ

しっとり、むっちり。チョコがけで飾りつけて。

Canelé

材料 約3cm大のカヌレ型使用・12個分

卵……1個
砂糖……80g
薄力粉……30g
強力粉……25g
ラム酒……15g（入れなくてもOK）
バター（無塩）……適量

[**牛乳液**]

牛乳……250ml
バター（無塩）……10g

[**デコレーション**]

板チョコレート（ダーク）……1枚
チョコペン（黒、白）……各1本
好みのナッツ
（アーモンド、カシューナッツがおすすめ）
……適量

事前準備

・オーブンは210℃に予熱する

作り方

1 ［ **牛乳液** ］の材料を鍋に入れ、弱火にかけてゴムベラで混ぜて溶かす。完全に溶けて混ざったら冷ましておく。

2 ボウルに卵と砂糖を入れ、泡立て器でよく混ぜる。

3 2に薄力粉と強力粉をふるい入れ、泡立て器で粉っぽさがなくなるまで混ぜる（混ぜすぎないように）。

4 冷ましておいた1を少しずつ加え、混ぜる。

5 ラム酒を加えて混ぜ、ラップをして10時間以上冷蔵庫で休ませる。

6 冷蔵庫から取り出してよく混ぜる。型にバターを薄く塗り、8分目あたりまで生地を流し込む。

7 210℃のオーブンで60〜70分焼く。焼き上がったら熱いうちに型から外し、冷ましておく（火傷に注意）。

8 絞り袋に板チョコレートを割り入れ、湯煎にかけて溶かす。また、チョコペンで目玉を作る。

9 カヌレが冷めたら8のチョコレートを絞ってかけ、目玉やナッツをのせる。

うさぎビスコッティ

焼き時間を調整して、好みの食感に。サクサクふわふわがお気に入り。

Biscotti

材料　約14cm大・8個分

バター（無塩）……50g

砂糖……40g

卵黄……1個分

薄力粉……100g

ベーキングパウダー……3g

水……大さじ1

[デコレーション]

板チョコレート（ホワイト）……適量

アーモンドスライス……16枚

チョコペン（黒）……1本

＊細いチョコペン使用（P11参照）

事前準備

・オーブンは180℃に予熱する

作り方

1 ボウルにバター、砂糖、卵黄を入れて混ぜ、薄力粉とベーキングパウダーをふるい入れ、ゴムベラでさっくり混ぜる。

2 水を加え、ゴムベラで混ぜる。

3 シルパットの上にのせ、手で押さえて縦11cm、横17cm、厚さ1cm程度の長方形に伸ばす。

4 180℃のオーブンで23分程度焼く（ふっくらさせたい場合は20分程度、ガリガリザクザク食感にしたい場合は25分程度）。

5 焼き上がったらすぐに包丁で8つ（幅2cm程度）に切り分け、冷ます。

Point｜冷めてしまうと切れなくなるので注意。

6 ボウルに板チョコレートを割り入れて湯煎にかけ、溶かす。皿に溶かしたチョコレートを入れ、切り分けた生地の片面にチョコレートをつけ、チョコの面を上にして網の上に並べる。

7 中央上にアーモンドスライスを2枚ずつ貼り付け、耳にする。

8 表面のチョコレートが固まったら、チョコペンで顔を描く。

Memo｜好みでチョコチップやドライフルーツ、ナッツを入れてもおいしい！

ドレンチェリーカップケーキ

シンプルながらもかわいい、お手軽スイーツ。

Cupcake

材料　約6.5cmのカップケーキ型・6個分

卵……1個

サラダ油……65g

砂糖……75g

牛乳……63g

薄力粉……130g

ベーキングパウダー……5g

【デコレーション】

　ホイップクリーム……適量

　ドレンチェリー（赤）……6個

事前準備

・オーブンは180℃に予熱する

作り方

1 ボウルに卵、サラダ油、砂糖、牛乳を入れ、泡立て器でよく混ぜる。

2 薄力粉とベーキングパウダーをふるい入れ、ゴムベラで粉っぽさがなくなるまで混ぜる（混ぜすぎないように）。

3 型の5分目あたりまで**2**を流し込む。

4 180℃のオーブンで20〜23分焼く。焼き上がったら冷ましておく。

5 カップケーキの外側から中央に向かって伸びるように、6方向からホイップクリームを絞る。

6 真ん中にドレンチェリーをのせる。

フルーツパウンドケーキ

ラム酒の風味がいい。フルーツの食感も楽しめる！

Pound
Cake

材料

17×8×高さ7cmのパウンドケーキ型1台分

バター（無塩）……100g

砂糖……80g

卵……2個

好みのドライフルーツ……100g

ラム酒……30g

強力粉……10g（薄力粉でも可）

薄力粉……80g

アーモンドプードル……20g

ベーキングパウダー……5g

[デコレーション]

チョコペン（黒、白）……各1本

事前準備

[前日]

・容器にドライフルーツとラム酒を入れ、冷蔵庫で一晩漬け込む

[当日]

・卵とバターは室温に戻す

・オーブンは170℃に予熱する

作り方

1 ボウルにバターを入れ、泡立て器でクリーム状に練る。

2 砂糖を加え、ふんわり白っぽくなるまで混ぜる。

3 卵を溶いて3回に分けて加え、その都度よく混ぜる。

4 ドライフルーツの水気をキッチンペーパーで拭く。ラム酒は後で使うので、取っておく。

5 別のボウルにドライフルーツと強力粉を入れ、混ぜる。

6 **3**に**5**を加え、ゴムベラで切るようにしっかり混ぜる。

7 薄力粉、アーモンドプードル、ベーキングパウダーをふるい入れ、切るように生地を持ち上げながら混ぜる。

8 型にクッキングシートを敷き、生地を流し込む。10cm程度の高さから落として気泡を抜き、平らにならして真ん中を少し窪ませる。

9 170℃のオーブンで45分程度焼く。竹串を刺して生地がついてこなければ焼き上がり。

10 熱いうちに型から外し、上の面に取っておいたラム酒を塗る。
Point｜火傷に注意！

11 ラム酒を塗ったらすぐにラップで全体を包み、その状態で粗熱を取る。冷めたら冷蔵庫に入れ、一晩休ませる。

12 食べる前に切り分け、チョコペンで目玉を作って貼り付ける。

レモンティグレ

バターの香りとレモンの酸味でさっぱりおいしい!

Lemon
Tigre

材料　7.5cmのティグレ型使用・6個分

バター（無塩）……100g

グラニュー糖……50g

卵白……2個分

薄力粉……50g

アーモンドプードル……50g

レモン汁……大さじ1

レモンのスライス（国産）……1枚

[**レモンアイシング**]

粉糖……80g

レモン汁……20g

事前準備

・オーブンは180℃に予熱する

作り方

1 鍋にバターを入れ、中火にかけてゴムベラで混ぜながら溶かす。泡がだんだん小さくなり、きつね色になったら火からおろし、茶こしでこして冷ます（焦げすぎないように注意）。

2 ボウルにグラニュー糖と卵白を入れ、泡立て器でなるべく泡立てないようにそっと混ぜ合わせる。

3 薄力粉、アーモンドプードルをふるい入れ、レモン汁を加えて粉っぽさがなくなるまでゴムベラで切るように混ぜる（混ぜすぎないように）。

4 冷ましておいた**1**を加えて混ぜ、型の8分目まで流し込む。

5 180℃のオーブンで15〜18分焼く。

6 焼いている間にレモンアイシングを作る。粉糖とレモン汁をよく混ぜ、絞り袋に入れる。

Point | 絞り袋がない場合は、**8**でスプーンを使ってかけてもOK。

7 レモンのスライスは6等分して、キッチンペーパーで水気を拭き取っておく。

8 焼き上がったら粗熱を取って型から外し、レモンアイシングをかけて**7**をのせる。

抹茶フィナンシェ

甘さ控えめでしっとりおいしい。

Green Tea
Financier

材料　8×4cmのフィナンシェ型使用・9個分

バター（無塩）……65g

砂糖……70g

卵白……2個分

アーモンドプードル……50g

薄力粉……25g

抹茶パウダー……5g

[デコレーション]

　板チョコレート（ホワイト）……20g

　好みのトッピング（無印良品「てんさい
　　糖ビスケット」、 アラザンパール、
　　ミニマシュマロ使用）……適宜

事前準備

・オーブンは180℃に予熱する

作り方

1 鍋にバターを入れ、中火にかけてゴムベラで混ぜながら溶かす。泡がだんだん小さくなり、きつね色になったら火からおろし、茶こしでこして冷ます（焦げすぎないように注意）。

2 ボウルに砂糖と卵白を入れ、泡立て器でなるべく泡立てないようにそっと混ぜ合わせる。

3 アーモンドプードル、薄力粉、抹茶パウダーをふるい入れ、粉っぽさがなくなるまでゴムベラで切るように混ぜる。

4 冷ましておいた**1**を加え、下からすくいあげるように混ぜる。

5 型の8分目まで生地を入れ、台に数回打ち付けて余分な空気を抜き、平らにする。

6 180℃のオーブンで15〜18分焼く。焼き上がったら粗熱を取って型から外し、冷ます。
Point｜焼きすぎると硬くなるので注意。

7 板チョコレートを絞り袋に割り入れ、湯を入れたボウルに浸けて溶かす（絞り袋の中に湯が入らないよう注意）。

8 チョコレートが溶けたら絞り袋についた水を拭き取り、先をハサミで切ってフィナンシェにかける。チョコレートが固まる前に好みのトッピングをのせる。

ロータス抹茶ブラウニー

ロータスビスケットを使って簡単にかわいく。

Green Tea

材料　18×18×高さ5cmの角型1台分

バター（無塩）……70g

板チョコレート（ホワイト）……120g

卵……2個

砂糖……50g

牛乳……20ml

ホットケーキミックス……70g

抹茶パウダー……15g

ロータスビスコフ「オリジナルカラメル
　ビスケット」……8枚

[デコレーション]

　チョコペン（黒、白）……各1本

5

事前準備

・オーブンは170℃に予熱する

作り方

1 耐熱ボウルにバターと板チョコレートを割り入れ、500W
の電子レンジで40秒加熱して混ぜる。

2 別のボウルに卵、砂糖、牛乳を入れ、泡立て器でよく混ぜ
る。

3 **1**に**2**を3〜4回に分けて加え、その都度よく混ぜる。

4 ホットケーキミックスと抹茶パウダーをふるい入れ、粉っ
ぽさがなくなるまでゴムベラで切るように混ぜる。

5 型にクッキングシートを敷き、生地を流し込んで平らにす
る。ロータスビスケットを並べる。

6 170℃のオーブンで20分程度焼く（焦げそうな場合は途中でア
ルミホイルを被せる）。

7 焼き上がったら粗熱を取って型から外し、包丁で8等分
にする。

8 チョコペンで目玉を作り、貼り付ける。

Column

顔のバリエーションいろいろ

私がデコレーションでよく描く顔たち。
白と黒のチョコペンで、ベーシックな目玉を作ることもあれば、
目玉の色を変えたり、表情を変えたりすることも。自分なりの顔を描いてみてください。

お菓子に直接
チョコペンで描く

細いチョコペンで描く

そばかすを描いてみる

目玉の色を変えてみる

大きなケーキ

テリーヌショコラ

ずっしり濃厚なチョコがおいしい。材料4つと、あとはトッピングだけの簡単レシピ。

Terrine
Chocolat

材料　17×8×高さ7cmのパウンド型1台分

板チョコレート（ダーク）……150g

バター（無塩）……120g

グラニュー糖……40g

溶き卵……3個分

[デコレーション]

ホイップクリーム……適量

さくらんぼ（缶詰）……7個

7

事前準備

・オーブンは180℃に予熱する

作り方

1 ボウルに板チョコレートとバターを入れ、湯煎にかけてゴムベラで混ぜて溶かす。

2 グラニュー糖を加え、泡立て器で混ぜる。

3 溶き卵を3回に分けて加え、その都度よく混ぜる。

4 型にクッキングシートを敷き、生地を流し込む。

5 180℃のオーブンで20分程度焼く。

6 焼き上がったら型から外して粗熱を取り、冷蔵庫で2時間以上冷やす。

7 7等分してホイップクリームを絞り、さくらんぼをのせる。

ベイクドチーズケーキ

みんなが好きな定番チーズケーキ。一晩寝かせるともっとおいしい!

Baked
Cheesecake

材料　直径15cmの丸型1台分

市販のビスケット……50g
バター（無塩）……20g
クリームチーズ……200g
砂糖……70g
卵……1個
薄力粉……20g
生クリーム……200ml
レモン汁……小さじ2

事前準備

・オーブンは170℃に予熱する

作り方

1 ビスケットを保存袋に入れ、麺棒などで叩いて細かく砕く。

2 耐熱容器にバターを入れ、500Wの電子レンジで20〜30秒温めて溶かす。溶けたら**1**に加え、全体に馴染むまでよく揉み込む。

3 型にクッキングシートを敷き、**2**を入れる。コップの底などを使って全体に敷き詰め、冷蔵庫で休ませる。

4 耐熱ボウルにクリームチーズを入れ、500Wの電子レンジで40〜50秒温めてやわらかくする。

5 砂糖を加えて泡立て器でよく混ぜ、クリーム状にする。

6 卵、薄力粉、生クリーム、レモン汁を順に加え、その都度混ぜる。
Point│薄力粉はふるい入れる。

7 冷蔵庫から**3**の型を取り出して生地を流し入れ、ゴムベラで表面をならす。

8 170℃のオーブンで45分程度焼く。

9 焼き上がったら粗熱を取って冷蔵庫で冷やし、冷えたら型から外す。

ミルクティーシフォンサンド
ふわふわでやさしい甘さ。紅茶の香りがしっかりしておいしい。

Chiffon
Sandwich

材料　直径15cmのシフォンケーキ型1台分

牛乳……40ml

アールグレイティーバッグの茶葉
　　……2袋分

卵……3個

砂糖……56g

サラダ油……25ml

薄力粉……56g

[デコレーション]

　ホイップクリーム……適量

　いちご……4個

　さくらんぼ(缶詰)……4個

事前準備

・オーブンは170℃に予熱する

・卵は卵黄と卵白に分ける

作り方

1 耐熱容器に牛乳と茶葉を入れ、600Wの電子レンジで40秒温め、よく混ぜて冷ましておく。

2 ボウルに卵黄と砂糖半量(28g)を入れ、ハンドミキサーで白っぽくもったりするまで混ぜる。

3 サラダ油を3〜4回に分けて加え、その都度よく混ぜる。

4 冷ましておいた**1**を茶葉ごと加え、よく混ぜる。

5 薄力粉をふるい入れ、ゴムベラですくいあげながら切るように混ぜる。

6 別のボウルに卵白を入れ、残りの砂糖を3回に分けて加え、その都度ハンドミキサーで泡立てる。ツノが立ち、かためのメレンゲができたらOK。

7 **6**をひとすくいし、**5**に加えてハンドミキサーで混ぜる。
Point | 先にひとすくい分のメレンゲを混ぜることで、生地が馴染み、分離を防げる。

8 残りの**6**をすべて加え、ゴムベラでメレンゲの塊がなくなるまでさっくり混ぜる(混ぜすぎないように)。

9 型に流し入れ、台に1度叩きつけて気泡を抜く。

10 170℃のオーブンで30分焼く。焼き上がったら逆さにして冷ます。
Point | 瓶や細長いグラスなどに挿すと楽。

11 冷めたら型から外し、8等分にする。

12 横に倒し、内側から半分強まで縦に切り込みを入れる。

13 切り込みを開いてホイップクリームを絞り、いちごやさくらんぼをのせる。
Point | ホイップクリームは切り込みの底に1段絞ってから、上に波形に絞ると飾りやすい。

バナナタルト

タルトストーン不要のタルト。サクサクの生地でおいしい！

Banana
Tart

材料　直径18cmのタルト型1台分

[タルト生地]

バター（無塩）……100g

砂糖……60g

薄力粉……200g

卵黄……1個分

[フィリング]

バター（無塩）……50g

砂糖……50g

溶き卵……75g

バニラエッセンス……2〜3振り

薄力粉……50g

バナナ……2本

砂糖（バナナにまぶす用）……大さじ1

事前準備

・オーブンは170℃に予熱する

・バターはタルト生地用、フィリング用とも室温に戻す

作り方

1 [**タルト生地**]を作る。ボウルにバターを入れ、ゴムベラでクリーム状に練る。小さじ1取って、型に塗る。

2 **1**に砂糖を加え、混ぜる。

3 薄力粉をふるい入れ、ポロポロしてくるまで混ぜる。

4 卵黄を加えて混ぜ、ある程度混ざったら手で1つにまとめる。

5 ラップの上に**4**を置き、麺棒で型より少し大きめに伸ばす。

6 生地を型にのせ、指で押して型に密着させる。型からはみ出た生地を取り除き、フォークで底に穴を開ける。

7 170℃のオーブンで25分程焼く。
Point｜余った生地は丸めて伸ばし、一緒に焼いてもOK。

8 焼いている間に[**フィリング**]を作る。ボウルにバターと砂糖を入れ、泡立て器でクリーム状になるまで混ぜる。

9 溶き卵とバニラエッセンスを加え、よく混ぜる。

10 薄力粉をふるい入れ、ゴムベラで粉っぽさがなくなるまでさっくり混ぜる。

11 バナナは7mm幅の輪切りにして皿に並べ、砂糖をまぶす。

12 タルトが焼き上がったら、熱いうちに膨らみを沈めるように、スプーンなどでぎゅっと押す。オーブンの温度を180℃に変更する。

13 粗熱が取れ、触れるくらいに冷めたら型から外し、タルトの底に**11**の半量を敷き詰める。

14 **10**を流し入れ、ゴムベラで表面を整え、上に残りの**11**をのせる。

15 180℃のオーブンで20分焼き、160℃に下げてさらに20分焼く。焼き上がったら粗熱を取り、型から外す。

台湾カステラ

ふわふわ、ぷるぷる。やさしい甘さでシュワッととろける。

Taiwanese

材料 18×18×高さ5cmの角型1台分

サラダ油……80g
薄力粉……100g
牛乳……100g
卵……6個
砂糖……120g

事前準備

・オーブンは150℃に予熱する
・卵は卵黄と卵白に分ける

作り方

1 耐熱ボウルにサラダ油を入れ、ラップをかけて600Wの電子レンジで1分加熱する。

2 薄力粉をふるい入れ、泡立て器で混ぜる。

3 別の耐熱ボウルに牛乳を入れ、ラップをかけて600Wの電子レンジで30秒加熱する。**2**に加え、軽く混ぜる（混ぜすぎないように）。

4 卵黄を加えてよく混ぜる。

5 別のボウルに卵白と砂糖を入れ、ハンドミキサーできめの細かいゆるいメレンゲになるまで泡立てる。
Point｜ツノがやわらかく、ふにゃっとするのが目安。

6 **5**をひとすくいして**4**に加え、泡立て器で混ぜる。
Point｜先にひとすくい分のメレンゲを混ぜることで、生地が馴染み、分離を防げる。

7 残りの**5**も加え、なめらかになるまで混ぜる。

8 ゴムベラに持ち替え、下からすくいあげるようにやさしく混ぜる。

9 型の高さより高めにクッキングシートを敷き、生地を流し入れ、軽くゆすって表面を平らにする。

10 天板に60℃の湯を張って型を置き、150℃のオーブンで60分程度湯煎焼きする。竹串を刺してみて、生地がついてこなければ焼き上がり。

11 粗熱を取り、型から外す。

センイルケーキ

韓国語で誕生日ケーキのこと。友人でも推しでも、何かをお祝いしたい時に。

Birthday Cake

材料　直径18cmの丸型1台分

[スポンジケーキ]
バター（無塩）……20g
牛乳……20g
卵……3個
砂糖……90g
薄力粉……90g

[シロップ]
水……70g
砂糖……15g
ラム酒……3g（入れなくてもOK）

[チーズクリーム]
クリームチーズ……400g
生クリーム……400g
砂糖……40g
食用色素（青、黄）……適量

[デコレーション]
アラザンパール……適宜

事前準備

・オーブンは170℃に予熱する

12

作り方

1 [スポンジケーキ]を作る。耐熱ボウルにバターと牛乳を入れ、600Wの電子レンジで30〜40秒加熱して溶かす。

2 大きめのボウルに卵と砂糖を入れ、湯煎にかけながらハンドミキサーの高速モードで混ぜる。人肌に温まったら湯煎から外し、生地を持ち上げた時に跡が残る程度のかたさになるまで高速モードで混ぜる。

3 ハンドミキサーの低速モードで、気泡が小さく、きめが細かくなるまで混ぜる。

4 薄力粉をふるい入れ、泡立て器で粉っぽさがなくなるまで混ぜる。**1**を加え、全体に馴染むまで混ぜる。

5 型にクッキングシートを敷いて生地を流し込み、台に叩きつけて気泡を抜く。

6 170℃のオーブンで25〜28分焼く。竹串を刺してみて、生地がついてこなければ焼き上がり。焼き上がったらすぐに高い位置から1〜2回落として焼き縮みを防ぎ、熱いうちに型から外して冷ましておく。
Point｜火傷に注意！

7 [シロップ]を作る。耐熱ボウルに水と砂糖を入れ、500Wの電子レンジで40秒加熱する。混ぜて砂糖を溶かし、ラム酒を加えて混ぜ、冷ましておく。

8 [チーズクリーム]を作る。ボウルに冷えたままのクリームチーズを入れ、ハンドミキサーでクリーム状になるまで混ぜる。

9 別のボウルに生クリームと砂糖を入れ、ハンドミキサーで9分立てにする（ツノがピンと立つ状態）。**8**にひとすくい入れてハンドミキサーで混ぜ、残りのクリームもすべて加えてなめらかになるまで混ぜ、冷蔵庫で冷やす。

10 **6**を横半分に切り、下の生地の上面にシロップを薄く塗る。
Point｜ここでたくさん塗ると倒れる可能性があるので、薄く塗ればOK。

11 冷やしておいた**9**のクリームをシロップの上に塗り、もう1枚の生地を重ね、上面にシロップをたっぷり塗る。チーズクリームを全体に薄く塗り、冷蔵庫で冷やす。

12 残りのクリームを4等分し、うち3つに青の食用色素を加えて混ぜ、水色のクリームにする。残り1のうち2/3は何も加えず白いクリームとし、1/3には黄色の食用色素を加えて混ぜる。

13 水色のクリームはボウルのまま冷蔵庫に入れる。絞り袋を3つ用意し、2つには口金（丸口・細めのものと、丸口・太めのもの）をそれぞれつけて白いクリームを入れ、冷蔵庫に入れる。もう1つには口金（丸口・太めのもの）をつけて黄色のクリームを入れ、冷蔵庫に入れる。

14 冷蔵庫からスポンジと水色のクリームを取り出し、全体にクリームを塗る。

15 中央に白いクリーム（丸口・細めのもの）で文字を書き、周りに白いクリーム（丸口・太めのもの）で花びらを絞り、真ん中に黄色のクリームを丸く絞る。好みでアラザンパールを飾る。

Column

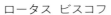

おすすめのトッピング

お菓子のトッピングに使うと、それだけでかわいく仕上がる。
そんなお気に入りのトッピングを紹介します。

無印良品
「てんさい糖ビスケット」

くまの形をしたかわいいビスケット。カップケーキやフィナンシェにのせたり、スモアクッキーに使ったり。プレーン＆ココアと、パイン＆ベリーの2種類があります。

ロータス ビスコフ
「オリジナルカラメルビスケット」

こちらもブラウニーのトッピングにしたり、スモアクッキーにのせたり。見た目もかわいく、ほんのり香るシナモンもおいしいです。

オレオ
「オレオ バニラクリーム」
「オレオ ビッツサンド バニラ」

言わずと知れた人気のお菓子。トッピングに使っても、目玉をつけてもかわいい。小さめのお菓子には、ミニサイズのビッツサンドを愛用しています。

ミニプレッツェル

形が既にかわいいミニプレッツェル。本書ではトナカイの角にも使っています。いろんなメーカーのものがあるので、手に入ったものを使ってください。

チョコスプレー

お菓子のデコレーションでよく使われるチョコスプレー。本書でも茶色のもの、カラーのものともに使っています。

ミニマシュマロ

100円ショップでも手に入るミニマシュマロ。ハート形のものなど、かわいいものを見つけたら買っておくと便利です。

アラザンパール

パールのような見た目をしているアラザン。一般的なアラザンとは違い、白っぽい光沢で、高級感があります。私はインターネットで購入しています。

冷たいお菓子

カラフルゼリー

夏にぴったりのぷるぷるゼリー。カラフルでかわいすぎる！

卵 不 使 用

材料　6.5cm 大のカヌレ型使用・6 個分

好みのフルーツ缶
　　（桃、パイナップル、みかんを使用）……適量
アガー……16g
砂糖……25g
水……250ml
フルーツ缶のシロップ……180ml
好みの食用色素
　　（青、紫、緑、ピンク、黄色を使用）……適量

[デコレーション]
　　ホイップクリーム……適量
　　さくらんぼ（缶詰）……6 個

6

作 り 方

1 フルーツは 1cm 角程度に小さめに切る。

2 鍋にアガーと砂糖を入れて泡立て器で混ぜ、水を加えてよく混ぜる。

3 弱めの中火にかけてよく混ぜ、沸騰したら火を止め、シロップを加えて混ぜる。

4 小さめの耐熱容器を 6 個用意し、**3** を等分に流し込む。

5 それぞれに好みの色の食用色素を加え、よく混ぜる。
Point│アガーは固まりやすいので、作業中に固まってしまった場合は電子レンジで少し温めて溶かす。

6 型を少し水で濡らしてからフルーツを入れ、**5** を流し込む。
Point│先に型を濡らしておくと、後で外しやすくなる。フルーツは入れすぎないのがポイント。

7 冷蔵庫に入れ、固まるまで 1 時間以上冷やす。

8 固まったら型の外側をホットタオルで温めるか、少し湯に浸けて周りを溶かし、型から外して皿に盛る。
Point│外れにくい場合は、ゼリーの表面や側面を指で押し、型との間に隙間を作ると外れやすくなる。

9 ホイップクリームを絞り、さくらんぼを飾る。

くまバニラアイス

シンプルなバニラアイスをかわいくアレンジ。

Ice Cream

材料　2人分

卵黄……3個分
グラニュー糖……45g
牛乳……100ml
バニラエッセンス……3〜4振り
生クリーム……100ml

[**デコレーション**]
　製菓用のコイン型チョコレート
　　　（ホワイト）……4個
　チョコペン（黒）……1本

作り方

1 小鍋に卵黄とグラニュー糖を入れ、泡立て器で白っぽくなるまでよく混ぜる。

2 牛乳を加えて混ぜ、弱火にかけて沸騰させないようにゴムベラで混ぜる。

3 少しとろみが出てきたら固まる前に火を止める。大きめのボウルに氷水を入れ、鍋ごと冷やす。

4 バニラエッセンスを加えて混ぜ、そのまま氷水で冷やしておく。

5 別のボウルに生クリームを入れ、ハンドミキサーで8分立てにする（ツノが少しふにゃっとするまで）。

6 4を少しずつ加えながらゴムベラでよく混ぜ、バットやタッパーに流し込む。

7 冷凍庫で30分冷やし、一度取り出してスプーンでよくかき混ぜ、再び冷凍庫で4時間以上冷やす。

8 ディッシャーですくって器や市販のコーンカップに盛る。

9 コイン型チョコレートを2個ずつ耳の位置に挿し、チョコペンで目と鼻と口を作って貼り付ける。

シリコン型プリン

混ぜて冷やすだけで簡単。グラスなどでも作れます!

材料

直径9×高さ4cmのシリコン型1台分

牛乳……125ml
グラニュー糖……15g
粉ゼラチン……3g
バニラエッセンス……2〜3振り
卵……1個

作り方

1 鍋に牛乳とグラニュー糖を入れ、弱火にかけて泡立て器で混ぜながら溶かす。

2 ゼラチンとバニラエッセンスを加え、溶けるまで混ぜる。

3 卵を加え、よく混ぜる。

4 型に茶こしでこしながら流し込み、冷蔵庫で2〜3時間、固まるまで冷やす。

5 バットにぬるめの湯を張り、型ごと入れて周りを温める。型から外し、皿に盛る。

Point｜温めすぎると溶けるので注意!

Pudding

モンスター生チョコ

シンプルな生チョコが、かわいいモンスターに！

卵不使用

材料　約2.5cm大・16個分

板チョコレート（ダーク）……125g

生クリーム……60g

[デコレーション]

　チョコスプレー（茶）……2袋（36g）

　チョコペン（黒、白）……各1本

6

作り方

1 板チョコレートを細かく刻み、耐熱ボウルに入れる。

2 鍋に生クリームを入れ、弱火にかけて沸騰直前まで温め、**1**に加える。

3 チョコレートが溶けるまでゴムベラで混ぜる（溶けきらない場合は500Wの電子レンジで10秒程度加熱する）。

4 バットにラップを敷いて**3**を流し込み、平らにして冷蔵庫で1時間程度冷やす。

5 冷蔵庫から取り出して16等分し、丸める。

　　Point｜溶けてきたら、その都度冷蔵庫で冷やすと丸めやすい。

6 ボウルにチョコスプレーを入れ、**5**を転がして全面にチョコスプレーをつける。

7 チョコペンで目玉を作り、貼り付ける。

Ganache

卵黄1個で作れるプリン

卵黄1個で1人分のおやつが完成！

材料

直径8×高さ4.5cmの耐熱グラス1個分

卵黄……1個分
砂糖……大さじ1
牛乳……80ml

[カラメル]

砂糖……大さじ1
水……小さじ1
熱湯……小さじ1

作り方

1 ボウルに卵黄、砂糖、牛乳を入れて泡立て器で混ぜ、茶こしでこしながら耐熱グラスに入れてアルミホイルを被せる。

2 鍋に湯を沸かし、沸騰したら弱火にして**1**のグラスを入れる（湯の量はグラスの半分程度の高さ）。ふたをして弱火のまま8分蒸す。

3 火を止めてそのまま10分置く。固まり具合を確認し、ゆるい場合はもう少し置く。

4 [カラメル]を作る。耐熱ボウルに砂糖と水を入れ、600Wの電子レンジで1分50秒加熱する。

5 取り出したらすぐに熱湯を加えてスプーンで混ぜ、再び600Wの電子レンジで10秒加熱して混ぜる。

Point 熱湯を加えると跳ねることがあるので注意。高温になり、器が割れることがあるので、様子を見ながら加熱する。

6 **3**にかけ、冷蔵庫で冷やす。

Pudding

オレオチーズグラスケーキ

混ぜて冷やすだけ！ 100円ショップの透明ケースに入れてもかわいい。

材料 9×7×高さ7cm程度の透明容器2個分

オレオ「オレオ バニラクリーム」……12枚
クリームチーズ……200g
生クリーム……200ml
砂糖……15〜20g

作り方

1 オレオクッキーは2枚よけておき、残りは剥がしてクリームを取り除く。クリームはあとで使うので取っておく。
Point｜500Wの電子レンジで10秒温めると、剥がしやすくなる。

2 保存袋に剥がしたオレオクッキーを入れ、細かく砕く。

3 耐熱ボウルにクリームチーズを入れ、500Wの電子レンジで20〜30秒温めてやわらかくし、泡立て器でクリーム状になるまで混ぜる。**1**のクリームを加え、混ぜる。

4 別のボウルに生クリームと砂糖を入れ、ハンドミキサーで7分立てにする（跡が少し残り、ゆっくり消えていくくらいのかたさ）。

5 **3**に**4**を2回に分けて加え、よく混ぜる。

6 容器に**2**を¼量ずつ敷き、**5**を少し入れて平らにし、残りの**2**をのせ、残りの**5**をのせる。

7 よけておいたオレオクッキーを小さく割ってのせ、冷蔵庫で1時間程冷やす。

1

6

No-bake
Cheesecake

Column

かわいい写真の撮り方

SNSにお菓子の写真を投稿していると、よく写真の撮り方やスタイリングについてコメントをいただきます。
ここでは、私なりのかわいい写真にするためのポイントをご紹介します。

無造作に重ねる

クッキーは、無造作にたくさん重ねたり、
箱にギュギュッと詰めたりしてもかわい
くなる。

透明のケースに入れる

100円ショップなどで手に入る透明の
ケースに入れてみる。カードを添えたり、
リボンをかけたりしても。

リアリティを追求する

本物のアイスのようなクッキーは、脚付き
グラスに入れたり、シュガーコーンにのせ
たりしてもっとアイスっぽく!

花瓶やコップを置く

花瓶を置いてお花を飾ったり、コップに
お菓子をのせたり。

鏡を置く

奥の鏡にお菓子が映って、おしゃれな雰
囲気に。奥行きが出る気がする、お気に入
りのスタイリング。

いろんな食器を使う

トレーに並べたり、ドリンクと一緒に撮影
したりするのもおすすめ。おうちカフェを
楽しむ様子が伝わる。

ホットケーキミックスで作るお菓子

オレオブラウニー

簡単なのに濃厚でおいしい！ バレンタインデーにもおすすめ。

Oreo

材料　18×18×高さ5cmの角型1台分

バター（無塩）……70g
板チョコレート（ダーク）……120g
卵……2個
砂糖……50g
牛乳……20ml
ホットケーキミックス……70g
ココアパウダー……15g
オレオ「オレオ バニラクリーム」
　……9枚

[**デコレーション**]
　チョコペン（黒、白）……各1本

5

事前準備

・オーブンは170℃に予熱する

作り方

1 耐熱ボウルにバターと板チョコレートを割り入れ、500W
の電子レンジで40秒加熱して混ぜる。

2 別のボウルに卵、砂糖、牛乳を入れ、泡立て器でよく混ぜ
る。

3 **1**に**2**を3〜4回に分けて加え、その都度よく混ぜる。

4 ホットケーキミックスとココアパウダーをふるい入れ、
粉っぽさがなくなるまでゴムベラで切るように混ぜる。

5 型にクッキングシートを敷き、**4**を流し込んで表面をなら
し、オレオクッキーを並べる。

6 170℃のオーブンで20分程度焼く。
Point｜焦げそうな場合は途中でアルミホイルを被せる。

7 焼き上がったら粗熱を取って型から外し、包丁で9等分
する。

8 チョコペンで目玉を作り、貼り付ける。

オレオマフィン

混ぜて焼くだけ！ちっちゃいモンスターがかわいい。

Muffin

材料　直径6.5cmのマフィンカップ4個分

砂糖……40g

バター（無塩）……40g

卵……1個

ホットケーキミックス……100g

オレオ「オレオ ビッツサンド バニラ」
　　　……1袋（うち12枚はトッピング用に残す）

[デコレーション]

　チョコペン（黒、白）……各1本

事前準備

・オーブンは180℃に予熱する

作り方

1 ボウルに砂糖とバターを入れ、泡立て器で混ぜてクリーム状にする。

2 卵を加え、よく混ぜる。

3 ホットケーキミックスとトッピング用以外のオレオ ビッツサンドを手で細かく砕いて加え、粉っぽさがなくなるまで混ぜる。

4 カップの5分目まで**3**を入れ、台に数回打ち付けて余分な空気を抜いて平らにし、トッピング用のオレオ ビッツサンドを3枚ずつのせる。

5 180℃のオーブンで23分程焼く。

6 焼き上がったら冷まし、チョコペンで目玉を作って貼り付ける。

くまダブルチョコスコーン

サクッふわっ食感で満足度も高いおやつ。

Scone

卵不使用

材料　約7cm大・6個分

ホットケーキミックス……190g
ココアパウダー……10g
バター（無塩）……50g
牛乳……45ml
チョコチップ……50g

[**デコレーション**]
　チョコペン（白）……1本

事前準備

・バターは室温に戻す
・オーブンは170℃に予熱する

作り方

1 ボウルにホットケーキミックス、ココアパウダー、バターを入れ、手でポロポロした状態になるまでこねる。

2 牛乳を加えてこね、まとまったらチョコチップを加えて軽く混ぜる。

3 生地を8等分し、うち6個はそれぞれ丸めてシルパットの上に置く。残り2個はそれぞれ6等分して丸め、先程作った生地に2個ずつつけて、くまの耳にする。

4 170℃のオーブンで25〜30分焼く。

5 焼き上がったら冷まし、チョコペンで顔を描く。

くまシュークリーム

ホットケーキミックスで簡単に！好みのトッピングで楽しんで。

Cream

材料　約6.5cm大・9個分

水……100ml
バター（無塩）……50g
ホットケーキミックス……50g
溶き卵……2個分

[**デコレーション**]
　ホイップクリーム……適量
　チョコペン（黒）……1本
　　＊細いチョコペン使用（P11参照）
　いちご……適宜

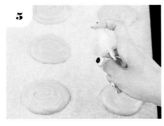

事前準備

・オーブンは190℃に予熱する

作り方

1 耐熱ボウルに水、バター、ホットケーキミックス小さじ1を入れ、800Wの電子レンジで2分30秒加熱する。

2 残りのホットケーキミックスをすべて加え、素早くゴムベラで混ぜる。まとまったら500Wの電子レンジで40秒加熱する。

3 溶き卵を3回に分けて加えながら、ゴムベラで混ぜる。

4 生地をスプーンですくい、シルパットの上に丸く置く。同様にあと8個置く。

5 霧吹きで生地に水を吹き付ける。

6 190℃のオーブンで30分程焼き、焼き上がったら冷ます。

7 包丁で横半分に切り込みを入れ、ホイップクリームを絞る。好みで上にホイップクリームを絞ってチョコペンで顔を描いてくまの形にしたり、いちごを挟んだりする。

プリンカップケーキ

材料3つで大量生産できるカップケーキ。トッピングでかわいく!

材料

直径 5×高さ 3.5cm のマフィンカップ 19 個分

市販のプリン……415g
サラダ油……60ml
ホットケーキミックス……300g

[デコレーション]

好みの板チョコレート
（いちご、ホワイト、ダークを使用）……3枚
好みのトッピング……適量

事前準備

・オーブンは 180℃ に予熱する

作り方

1 ボウルにプリンを入れ、泡立て器でなめらかになるまで混ぜ、サラダ油を加えて混ぜる。

2 ホットケーキミックスを加え、ゴムベラでさっくり混ぜる。

3 型の 6〜7 分目まで生地を入れ、180℃のオーブンで 10〜12 分焼く。焼き上がったら冷ます。

Point | 大きめの型を使う場合は、様子を見て焼き時間を調整してください。

4 板チョコレートを種類別にボウルに割り入れ、それぞれ湯煎にかけて溶かす。冷ました **3** にチョコレートをかけ、好みのトッピングをのせ、チョコが固まるまで乾かす。

焼きチョコドーナツ

口を開けたような表情がたまらない!

材料　直径7.5cmのドーナツ型6個分

ホットケーキミックス……110g

ココアパウダー……15g

砂糖……30g

バター (無塩)……10g

牛乳……60g

卵……1個

[デコレーション]

　板チョコレート (ホワイト)……2枚

　チョコスプレー (ミックス)……適量

　チョコペン (黒、白)……各1本

事前準備

・バターは室温に戻す

・オーブンは180℃に
予熱する

作り方

1　ボウルにデコレーション
以外のすべての材料入れ、
泡立て器で混ぜる。

2　型の5〜6分目まで生地を流し込み、台に叩きつけて気泡を抜き、表
面を平らにならす。

3　180℃のオーブンで15分程焼く。焼き上がったら冷ます。

4　ボウルに板チョコレートを割り入れ、湯煎にかけて溶かす。

5　冷ましたドーナツの半分に4をつけ、チョコスプレーをかける。チョ
コペンで目玉を作り、チョコをつけていない側に貼り付ける。

Doughnut

雲ソフトクッキー

ぷっくりした形がかわいい！外はカリッと、中はふっくら。

材料　約9cm大・4個分

卵……1個
サラダ油……20g
砂糖……20g
ホットケーキミックス……190g
チョコペン（黒、白、青）……各1本

事前準備

・オーブンは170℃に予熱する

作り方

1 ボウルに卵とサラダ油を入れて泡立て器で混ぜ、砂糖を加えて混ぜる。

2 ホットケーキミックスを加えてゴムベラで混ぜ、冷蔵庫で1時間休ませる。

3 2.5cm大の丸を5個作り、シルパットに上段2個、下段3個を並べて置き、雲の形にする。同様にあと3つ作る。

4 170℃のオーブンで20分程焼く。焼き上がったら冷ます。

5 チョコペンで目玉を作って貼り付け、口を描く。

Soft Cookie

イベントごとのお菓子

ハート型ガトーショコラ

メレンゲ要らずで簡単。直径15cmの丸型でも作れる！

Gâteau Chocolat

材料　7×6×高さ3cmのハート型使用・6個分

板チョコレート（ダーク）……100g
　　（ミルクでも可）
バター（無塩）……50g
卵……2個
砂糖……60g
生クリーム……50ml
薄力粉……30g
ココアパウダー……30g

【デコレーション】

無印良品「てんさい糖ビスケット
　　（ベリー）」……6枚
チョコペン（白）……1本
フランボワーズの
　　フリーズドライフレーク
　　……適量（いちごでも可）

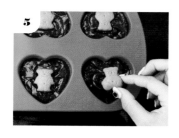

事前準備

・オーブンは170℃に予熱する

作り方

1 耐熱ボウルに板チョコレートとバターを入れ、600Wの電子レンジで40秒程加熱し、泡立て器で混ぜて溶かす。

2 別のボウルに卵と砂糖を入れ、ハンドミキサーで白っぽく、持ち上げた時に少し跡が残るくらいまで泡立てる。

3 1と生クリームを加え、よく混ぜる。

4 薄力粉とココアパウダーをふるい入れ、ゴムベラで切るように粉っぽさがなくなるまで混ぜる（混ぜすぎないように）。

5 型に流し入れ、てんさい糖ビスケットをのせる。

6 170℃のオーブンで30分程焼く。竹串を刺してみて生地がついてこなければ焼き上がり。

7 粗熱を取り、型から外して冷ます。

8 チョコペンをビスケットにかからないようにケーキの端にかけて、フランボワーズをのせる。

いちごスモアクッキー

びよーんと伸びるマシュマロがかわいい！ 甘酸っぱくて、冷めてもおいしいクッキー。

S'more
Cookie

材料　約7cm大・6個分

バター（無塩）……60g

砂糖……110g

溶き卵……1個分

バニラエッセンス……3〜4振り

薄力粉……170g

ベーキングパウダー……2g

いちごパウダー……20g

食用色素（赤、もしくはピンク）……適宜

マシュマロ……6個

[デコレーション]

好みのトッピング（無印良品
「てんさい糖ビスケット（パイン＆ベリー）」、
ハート形のミニマシュマロ、
ロータスビスコフ「オリジナルカラメル
ビスケット」使用）……適宜

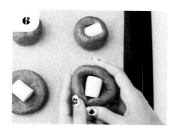

事前準備

・オーブンは180℃に予熱する

作り方

1 ボウルにバターと砂糖を入れ、泡立て器でクリーム状に
なるまで混ぜる。

2 溶き卵を3回に分けて加え、その都度よく混ぜる。

3 バニラエッセンスを加え、混ぜる。

4 薄力粉、ベーキングパウダー、いちごパウダーをふるい入
れて混ぜる。ピンクの色味を濃くしたい場合は、食用色素
を少し加える。

5 全体が混ざったら手で1つにまとめ、ボウルにラップをか
けて冷蔵庫で30分程休ませる。

6 冷蔵庫から生地を取り出して6等分し、丸めて少し平べっ
たく伸ばし、マシュマロを包む。
Point｜完全に包むのではなく、少しマシュマロをのぞかせる。

7 180℃のオーブンで15分程焼く。
Point｜途中で焦げそうになったら、アルミホイルを被せる。

8 焼き上がったらすぐ、マシュマロと生地がやわらかいうち
に好みのトッピングを挿す。

クッキー板チョコ

かわいすぎて喜ばれる！好みのクッキー型で作ってみてね。

Chocolate
Bar

材料　18×8cmのチョコレート型使用・3枚分

[クッキー生地]
砂糖……30g
バター（無塩）……50g
卵黄……1個分
薄力粉……100g
食用色素（赤、黄）……適量

板チョコレート（ミルク、ホワイト、いちご）
……各2枚

好みのトッピング
（アラザン、アラザンパール、フランボワーズの
フリーズドライフレーク使用）……適量

チョコペン（黒）……1本
＊細いチョコペン使用（P11参照）

事前準備

・バターは室温に戻す
・オーブンは170℃に予熱する

作り方

1 [**クッキー生地**]を作る。ボウルに砂糖とバターを入れ、泡立て器で混ぜる。よく混ざり白っぽいクリーム状になったら、卵黄を加えて混ぜる。

2 薄力粉をふるい入れ、ゴムベラでさっくり混ぜる。ある程度混ざったら手で1つにまとめる。

3 生地を1/3量取って2つに分け、1つに赤の食用色素、もう1つに黄色の食用色素を加えて混ぜ、色を均一にする。

4 ラップを敷いて生地を置き、それぞれ麺棒で5mm厚さに伸ばし、好みのクッキー型で型抜きする。
Point｜ラップごとひっくり返すと、簡単に剥がれる。

5 型抜きした生地のうち、見切れさせる部分を包丁でランダムに切り落とす。

6 170℃のオーブンで15〜20分焼く。焼き上がったら冷ましておく。
Point｜途中で焦げそうになったら、アルミホイルを被せる。

7 絞り袋を3つ用意し、種類別に板チョコレートを割り入れ、湯煎にかけて溶かす。

8 チョコレート型の9分目まで流し入れ、軽く台に打ち付けて表面を平らにする。

9 6のクッキーをのせ、好みのトッピングをちらす。

10 チョコペンを湯煎にかけて溶かし、くまのクッキーに顔を描く。

11 冷蔵庫に入れ、固まるまで冷やす。

Yummy!

ハートクッキー

SNSでも大人気！ そばかすがかわいい、サクサククッキー。

Heart-shaped
Cookie

材 料　約7cmのハートクッキー型使用・8枚分

砂糖……40g

バター（無塩）……50g

卵黄……1個分

薄力粉……80g

アーモンドプードル……20g

食用色素（赤）……適量

チョコペン（黒、白、青）……各1本

事 前 準 備

・バターは室温に戻す

・オーブンは170℃に予熱する

作 り 方

1 ボウルに砂糖とバターを入れ、泡立て器でよく混ぜる。白っぽいクリーム状になったら、卵黄を加えて混ぜる。

2 薄力粉とアーモンドプードルをふるい入れ、ゴムベラでさっくり混ぜる。

3 ある程度混ざってボロボロしてきたら食用色素を加え、手で1つにまとめる。ボウルにラップをかけ、冷蔵庫で1時間休ませる。

4 ラップを敷いて生地を置き、麺棒で5mm厚さに伸ばし、型で抜く。

Point｜ラップごとひっくり返すと、簡単に剥がれる。

5 170℃のオーブンで15〜20分焼く。焼き上がったら冷ます。

Point｜途中で焦げそうになったら、アルミホイルを被せる。

6 チョコペンで目玉を作って貼り付け、口とそばかすを描く。

ミイラマドレーヌ

ハロウィンらしさ満載でかわいい！ ブラックココアで甘さ控えめ。

Madeleine

材料　8×5cmのマドレーヌ型使用・14個分

バター（無塩）……100g
ホットケーキミックス……90g
ブラックココアパウダー……10g
砂糖……80g
卵……2個

[デコレーション]
　チョコペン（白）……3本
　チョコペン（黒）……1本

事前準備

・オーブンは180℃に予熱する

作り方

1 耐熱ボウルにバターを入れ、500Wの電子レンジで40秒程加熱して溶かす。

2 デコレーションの材料以外のすべての材料を加え、泡立て器で粉っぽさがなくなるまで混ぜる。

3 絞り袋に生地を入れて先を少し切り、型の6分目まで生地を絞る。

4 180℃のオーブンで15〜18分焼く。

5 焼き上がったら粗熱を取り、型から外してそのまま冷ます。

6 白のチョコペンで包帯のように線を描き、冷蔵庫に入れてチョコを固める。

Point│あとで目玉を付けるスペースを少し空けておく。

7 チョコペンで目玉を作り、**6**に貼り付ける。

Memo│グラスなどにいちごジャムを入れミイラをのせると、ハロウィンっぽい演出ができてかわいい。ジャムをつけると甘酸っぱくておいしい！

コウモリかぼちゃマフィン

オレオで作るコウモリをのせて。かぼちゃ味でハロウィンにぴったり！

Pumpkin Muffin

材料　直径6.5cmのマフィンカップ5個分

かぼちゃ……100g

バター（無塩）……35g

砂糖……25g

卵……1個

バニラエッセンス……3〜4振り

ホットケーキミックス……50g

[デコレーション]

　オレオ「オレオ バニラクリーム」
　　……8枚

　チョコペン（黒、白）……各1本

　ホイップクリーム……適量

事前準備

・オーブンは170℃に予熱する

作り方

1 かぼちゃは一口大に切り、耐熱ボウルに入れてラップをかけ、600Wの電子レンジで5分加熱する。フォークで少し形が残るくらいまで細かく潰す。

2 別の耐熱ボウルにバターを入れ、600Wの電子レンジで50秒加熱して溶かす。

3 **2**に砂糖を加えて泡立て器で混ぜ、**1**を加えて混ぜる。

4 卵とバニラエッセンスを加えて混ぜる。

5 ホットケーキミックスを加え、ゴムベラでさっくり混ぜる。

6 カップの7分目まで生地を流し込み、台に数回打ち付けて余分な空気を抜いて平らにする。

7 170℃のオーブンで23〜25分焼く。焼き上がったら冷ます。

8 オレオクッキー3枚を剥がしてクリームを取り除き、それぞれ半分に割る。

　　Point ｜ **500Wの電子レンジで10秒温めると、剥がしやすくなる。**

9 残りのオレオクッキーも剥がす。剥がした1枚の左右に、チョコペンで**8**を1つずつ貼り付け、コウモリの羽にする。チョコペンでもう一枚のオレオクッキーを重ねて貼る。

10 チョコペンで目玉を作り、貼り付ける。

11 冷ましておいたマフィンにホイップクリームを絞り、**10**をのせる。

脳みそメレンゲクッキー

サクッとかるい食感。ハロウィンらしさ満載の、ちょっとグロかわいいお菓子。

Meringue

材料　約3cm大・12個分

卵白……30g
グラニュー糖……60g
食用色素(赤、もしくはピンク)……適量
チョコペン(黒、白)……各1本

事前準備

・オーブンは100℃に予熱する

作り方

1 ボウルに卵白とグラニュー糖を入れ、湯煎にかけながらハンドミキサーで混ぜ、持ち上げた時にツノが立つ状態になるまで泡立てる。

2 食用色素を加え、色が均一になるまで混ぜる。

3 絞り袋に口金(丸型・細めのもの)をつけて**2**を入れ、シルパットの上に脳みその形をイメージして立体的に絞る。

4 100℃のオーブンで60分程焼く。焼き上がったらオーブンの中に入れたまま冷ます。

　Point｜表面を触ってみてベトベトしている場合は、追加で数分焼いて乾燥させる。

5 チョコペンで目玉を作り、ランダムに貼り付ける。

デコスティッククッキー

11月11日の「ポッキー＆プリッツの日」には
オリジナルのスティッククッキーを作ってみて！

Stick
Cookie

材料　約10.5×2cm大・13本分

砂糖……40g

バター（無塩）……50g

卵黄……1個分

薄力粉……80g

アーモンドプードル……20g

[デコレーション]

板チョコレート（ミルク、ホワイト）……適量

好みのトッピング（アラザン、アラザンパール、
ハートのシュガートッピング、チョコスプレーなど
使用）……適量

好みの色のチョコペン
（緑、黄、ピンク、白）……適量

事前準備

・バターは室温に戻す

・オーブンは170℃に予熱する

作り方

1 ボウルに砂糖とバターを入れ、泡立て器で白っぽいクリーム状になるまで混ぜる。

2 卵黄を加えて混ぜる。

3 薄力粉とアーモンドプードルをふるい入れ、ゴムベラでさっくり混ぜる。ある程度混ざってボロボロしてきたら、手で1つにまとめる。

4 ボウルにラップをかけ、冷蔵庫で1時間休ませる。

5 ラップを敷いて生地を置き、麺棒で10×20cmの長方形に整えながら伸ばす。

6 生地を横長に置き、包丁で棒状に13等分する。

7 170℃のオーブンで15〜20分焼く。焼き上がったら冷ます。

8 ボウルに板チョコレートを種類ごとに割り入れ、それぞれ湯煎にかけて溶かす。

9 冷ましたクッキーの7分目程度まで**8**を塗り、クッキングシートに並べる。

10 チョコレートが乾く前に好みのトッピングをのせ、チョコペンで飾る。

11 冷蔵庫に入れ、チョコレートを固める。

クリスマスツリー＆トナカイ絞り出しクッキー

抹茶味のクリスマスツリーと、チョコ味のトナカイ。
型不要でめちゃくちゃかわいいので、ぜひ作ってみて！

Christmas
Cookie

材料

・クリスマスツリー（約6cm大・23個分）

砂糖……60g

バター（無塩）……60g

卵黄……1個分

牛乳……30g

バニラエッセンス……3〜4振り

薄力粉……90g

抹茶パウダー……10g

フィンガービスケット……23個

[デコレーション]

　チョコペン（白）……1本

　好みのトッピング（アラザン、
　　　アラザンパール、星やハートの
　　　トッピングなど）……適量

・トナカイ（約9cm大・9個分）

砂糖……60g

バター（無塩）……60g

卵黄……1個分

牛乳……30g

バニラエッセンス……3〜4振り

薄力粉……90g

ココアパウダー……10g

[デコレーション]

　市販のミニプレッツェル……18個

　チョコペン（黒、白）……各1本

　市販の赤い丸いチョコレート
　　　（駄菓子やマーブルチョコなど）……9個

事前準備

・オーブンは170℃に予熱する

・バターは室温に戻す

作り方

1 ボウルを2つ用意し、それぞれに**クリスマスツリー・トナカイ**の砂糖とバターを入れ、泡立て器で白っぽいクリーム状になるまで混ぜる。

2 それぞれに卵黄を加えて混ぜ、牛乳とバニラエッセンスを加えてさらに混ぜる（ここまでの工程は2種類とも同じ）。

3 それぞれ下記の材料を加え、混ぜる。

クリスマスツリー 薄力粉と抹茶パウダーをふるい入れ、ゴムベラで粉っぽさがなくなるまでさっくり混ぜる（混ぜすぎないように）。

トナカイ 薄力粉とココアパウダーをふるい入れ、ゴムベラで粉っぽさがなくなるまでさっくり混ぜる（混ぜすぎないように）。

4 絞り袋を2つ用意して、それぞれに口金（星型・細めのもの）をつけて生地を入れ、下記の要領でシルパットに絞る。

クリスマスツリー フィンガービスケットの裏側に少し生地を絞り、シルパットの上に間隔を空けて並べる。ビスケットの半分あたりの位置から上に向かって、ツリーの形に絞る。

Point｜先にビスケットに少し生地を絞ってから並べると、固定されてズレにくくなる。

トナカイ 4.5cm大に丸く絞り、そのすぐ下にくっつけるようにして5cm大に丸く絞り出す。小さい丸の上方左右に1個ずつミニプレッツェルを置く。

5 **クリスマスツリー**は170℃のオーブンで12〜15分焼く。**トナカイ**は170℃のオーブンで18〜20分焼く。焼き上がったら冷ます。

Point｜プレッツェルは特に焦げやすいので、途中でアルミホイルを被せるのがおすすめ。

6 **クリスマスツリー**は好みのトッピングをチョコペンで貼り付ける。**トナカイ**はチョコペンで目玉を作り、目玉と丸いチョコレートを鼻にして貼り付ける。

トナカイのパルミカレ

冷凍パイシートで簡単！サクサクでおいしい

材料　約11×2cm大・5個分

冷凍パイシート（10.5×17cm）……1枚
グラニュー糖……適量（砂糖でも可）

[**デコレーション**]
　板チョコレート（ミルク）……1枚
　チョコペン（黒、白）……各1本
　市販の赤い丸いチョコレート
　　（マーブルチョコなど）……5個
　ミニプレッツェル……10個

事前準備

・冷凍パイシートは使用する
5分前に室温に戻し、半解凍
する
・オーブンは180℃に予熱する

作り方

1 パイシートは横長にして置き、縦半分に切る。

2 ハケで表面に水を塗ってグラニュー糖をふり、さらに上から水を塗る。水とグラニュー糖を塗った面が内側になるように重ねる。

3 さらに縦半分に切って表面に水を塗り、再度水を塗った面が内側になるように重ねる。

4 5つに切り分け、切ったものを横に倒して断面を上に向け、間隔を空けてシルパットに並べる。まんべんなくグラニュー糖をふる。
Point｜焼くと横に膨らむので、間隔は広めに。

5 180℃のオーブンで20分焼く。焼けたら冷ます。

6 絞り袋に板チョコレートを割り入れ、湯煎にかけて溶かす。5の上4分目あたりまでチョコレートを絞り出し、ゴムベラで伸ばす。

7 チョコペンで目玉を作り、塗ったチョコレートが乾かないうちに目玉と丸いチョコレート、ミニプレッツェルを貼り付ける。

Palmier
Carré

ドリンク

チョコレートボム

温めた牛乳をかけて、ホットチョコレートに。溶けていく様子がかわいくて楽しい！

Hot Chocolat
Bomb

材 料 約7.5cm大のチョコボム型使用・4個分

板チョコレート（ミルク、ホワイト）……各3枚
マシュマロ……適量
ココアパウダー……適量（スティックコーヒーや
キャラメルソースなどもおすすめ）

[デコレーション]

チョコペン（黒、白、赤、オレンジ）……各1本
製菓用のコイン型チョコレート
（スイート、ホワイト）……各2個
好みのトッピング（アラザン、星やハートの
シュガートッピングなど）……適量

飲み方

事前準備

・チョコレートボムの型は冷蔵庫で冷やしておく

作り方

1 ボウルを2つ用意し、種類ごとに板チョコレートを割り入れ、それぞれ湯煎にかけて溶かす。

2 型にヘラやスプーンで■を塗り、冷蔵庫に入れて固める。ミルクチョコの半球を4個、ホワイトチョコの半球を4個作る。

3 冷蔵庫から型を取り出し、再び■を塗り重ね、冷蔵庫に入れて固める。
Point｜薄すぎると型から外す時に割れてしまうので、厚めにするため2度塗りを。縁は特に割れやすいため、厚めに塗って。

4 チョコが割れないよう気をつけながら型から外し、ミルクチョコとホワイトチョコの半球2つずつにマシュマロとココアパウダーを入れる。
Point｜たくさん入れると溶かした時に広がって、かわいくなる。

5 フライパンを熱し、何も入れていない半球の縁をフライパンにのせて少し溶かし、4の半球とくっつける。
Point｜ナイフをコンロで炙り、チョコボムの縁をなぞるように溶かしてもOK。

6 それぞれ下記のように飾りつけ、冷蔵庫で冷やす。

くま チョコペンで目玉と鼻を作り、ミルクチョコのチョコボムに貼り付ける。コイン型ミルクチョコレートを耳にして付ける。

ハートデコレーション ミルクチョコのチョコボムに白のチョコペンで模様を描き、固まらないうちに好みのトッピングをちらす。

白くま チョコペンで目玉と鼻を作り、ホワイトチョコのチョコボムに貼り付ける。コイン型ホワイトチョコレートを耳にして付ける。

雪だるま ホワイトチョコのチョコボムに赤のチョコペンで耳当てを描き、星のシュガートッピングをのせる。黒のチョコペンで目と口と耳当てのヘッドバンドを描く。オレンジのチョコペンで鼻を描く。

飲み方｜カップにチョコレートボムを入れ、温かい牛乳を注ぐ。

バタフライピー雲ドリンク

青空に雲が浮かぶ様子をイメージしたドリンク。

材料 容量300mlのグラス1杯分

バタフライピーの花びら……10枚
ホイップクリーム……適量
牛乳……200ml
バニラシロップ……15g
氷……適量
わたあめ……適量

作り方

1 容器に湯40mlとバタフライピーの花びらを入れて抽出し、冷ます。

2 グラスの内側にスプーンでホイップクリームを雲のように塗り付ける。

3 別の容器に牛乳とバニラシロップを入れ、混ぜる。

4 **2**のグラスに氷を入れ、**3**と**1**を順に注ぐ。

5 わたあめをのせる。

Cloud Drink

ダーティーラテ

クリームを溢れるくらいのせるのがポイント。

材料　容量300mlのグラス1杯分

スティックコーヒー
　　……1本分（ココアでも可）
砂糖……適宜（スティックコーヒーに
　　　　　　砂糖が入っていない場合）
氷……適量
牛乳……200ml
ホイップクリーム（7〜8分立て）……適量
ココアパウダー……適量
板チョコレート（ダーク）……適量

作り方

1 容器に湯40mlとスティックコーヒーを入れ、混ぜて溶かす。

2 グラスに氷を入れ、牛乳と好みで砂糖を加えてよく混ぜ、**1**を注ぐ。
　　Point｜ホットドリンクにする場合は氷を入れず、温めた牛乳を注ぐ。

3 ホイップクリームを溢れるくらい多めにのせ、ココアパウダーをふる。

4 板チョコレートを少量割って挿し、刻んだ板チョコレートをのせる。

Dirty Latte

ホットチョコ

お手持ちのチョコレート型で作ってね!

材料　容量300mlのグラス1杯分

好みの板チョコレート(いちご使用)……1枚
牛乳……200ml

作り方

1 絞り袋に板チョコレートを割り入れ、湯煎にかけて溶かす。

2 好みのチョコレート型に流し込み、冷蔵庫に入れて固める。

3 型から外してグラスに入れ、牛乳を温めて注ぎ、混ぜる。

Hot Chocolat

レモネード

夏らしい甘酸っぱいドリンク。

材料 作りやすい分量

国産レモン……1個
砂糖……大さじ2
はちみつ……大さじ1
氷……適量
炭酸水……200ml

作り方

1 レモンはよく洗って輪切りにし、保存容器に入れる。

2 砂糖とはちみつを加え、冷蔵庫で3時間以上休ませる。
Point｜時間を置くと、汁気が出てくる。

3 グラスに氷を入れ、**2**のレモン2〜3切れと汁小さじ1〜2を加える。

4 炭酸水を注ぐ。

Voilà!
C'est exactement ce qu'il me fallait onf

Lemonade

オレオミルク

甘くて幸せなドリンクの完成！

材料　容量300mlのグラス1杯分

牛乳……200ml

オレオ「オレオ バニラクリーム」……4枚

オレオ「オレオ ビッツサンド バニラ」
　　……1枚

ホイップクリーム（8分立て）……適量

作り方

1 グラスに牛乳を注ぐ。

2 オレオクッキーを砕き、**1**に好みの量加え、混ぜる。
　　Point｜多めに入れるのがおすすめ！

3 ホイップクリームをのせて砕いたオレオクッキーを少量ち
　　らし、オレオ ビッツサンドをのせる。

トースター・レンジ・市販品で
作るお菓子

トースターでも焼けるモンスター塩クッキー

塩気があってどんどん食べられちゃう！トースターでも作れるクッキー。

Salt
Cookie

材料　約7.5cm大・6枚分

砂糖……45g

バター（無塩）……55g

卵黄……1個分

薄力粉……100g

塩……ひとつまみ

市販の小さめビスケット
　（約3.5cm大のもの）……3枚

チョコペン（白、青）……各1本

事前準備

・バターは室温に戻す

・オーブンは170℃に予熱する

作り方

1 ボウルに砂糖とバターを入れ、泡立て器でクリーム状になるまで混ぜる。

2 卵黄を加えて混ぜる。

3 薄力粉と塩をふるい入れ、ゴムベラで粉っぽさがなくなるまでさっくり混ぜる（混ぜすぎないように）。

4 生地を6等分し、軽く丸めて2mm程度の厚さに伸ばす。
Point│生地をあまりこねないようにすると、サクホロ食感になる。

5 ナイフで口になる部分に切れ目を入れ、半分に割ったビスケットを挿し込む。

6 170℃のオーブンで15〜18分焼く。トースターの場合はアルミホイルの上に生地を並べ、1000W（温度調節ができる場合は150〜160℃）で10分程度焼く。焼き上がったら冷ます。

7 チョコペンで目玉を作って貼り付け、そばかすを描く。

トースターでも焼けるスコーンクッキー

外はサクッと、中はふわっとのスコーンのような食感でおいしい！

Scone
Cookie

材料　約6cm大・28個分

砂糖……65g

三温糖……65g（砂糖でも可）

バター（無塩）……180g

卵……1個

卵黄……1個分

バニラエッセンス……5〜6振り

薄力粉……275g

ベーキングパウダー……5g

塩……2g

チョコチップ……60g

チョコチップ（トッピング用）……適量

事前準備

・バターは室温に戻す

・オーブンは180℃に予熱する

作り方

1 ボウルに砂糖、三温糖、バターを入れ、泡立て器で白っぽくクリーム状になるまで混ぜる。

2 卵と卵黄を加えてよく混ぜる。

3 バニラエッセンスを加えて混ぜる。

4 薄力粉、ベーキングパウダー、塩をふるい入れ、ゴムベラで粉っぽさが少し残るくらいまで軽く混ぜる。

5 チョコチップを加えて混ぜ、ボウルにラップをかけて冷蔵庫で2時間以上休ませる。

6 ディッシャー（もしくはスプーン）で生地をすくい、シルパットに間隔を空けて並べる。

7 生地の上にトッピング用のチョコチップをのせる。

8 180℃のオーブンで15分程度焼く。トースターの場合はアルミホイルの上に生地を並べ、160℃程度でまず5分焼き、アルミホイルを被せてさらに8〜10分焼く。焼き上がったら冷ます。

レンジで作れるブラウニー

ホワイトチョコで作るブラウニー。レンジで作れてしっとりおいしい!

Brownie

材料　14×14cmの耐熱容器使用・6個分

バター（無塩）……35g

板チョコレート（ホワイト）……60g

卵……1個

砂糖……25g

牛乳……10ml

ホットケーキミックス……42g

[デコレーション]

チョコペン（白、ピンク）……各1本

好みのトッピング（無印良品
　「てんさい糖ビスケット（パイン＆ベリー）」、
　星やハートのシュガートッピング、
　アラザンなど使用）……適量

アイスの棒……6本

作り方

1 耐熱ボウルにバターと板チョコレートを入れ、500Wの電子レンジで20秒程度加熱し、泡立て器で混ぜて溶かす。

2 別のボウルに卵、砂糖、牛乳を入れて混ぜる。

3 **1**に**2**を少しずつ加え、その都度よく混ぜる。

4 ホットケーキミックスをふるい入れ、ゴムベラで粉っぽさがなくなるまで切るように混ぜる。

5 耐熱容器にラップを敷いて生地を流し込み、表面を平らにする。

6 600Wの電子レンジで2分30秒〜3分、様子を見ながら加熱する。竹串を刺して中まで火が通っているか確認し、火が通っていなければ様子を見ながら追加で加熱する。

7 粗熱が取れたら横半分、縦3等分の長方形6個に切り、冷ます。

8 アイスの棒を挿してチョコペンで上から7分目程度まで模様を描き、チョコが固まる前に好みのトッピングをのせる。

市販のサンドケーキで犬のハーフケーキ

市販のスポンジケーキをデコレーション！真っ白な犬のケーキに！

Half
Cake

材料　約17cm大・1個分

生クリーム……200ml

砂糖……15g

食用色素（黒）……適量

山崎製パン「イチゴスペシャル」……1個

さくらんぼ（缶詰）……1個

作り方

1 ボウルに生クリームと砂糖を入れ、ハンドミキサーで9分立てにする（ツノがピンと立つ状態）。

2 1を大さじ3杯分、別のボウルに移す。

3 2で移したボウルに食用色素を加えて混ぜ、絞り袋に口金（丸型・細めのもの）をつけてクリームを入れる。

4 別の絞り袋に口金（星型・細めのもの）をつけ、2の残りのクリームを入れる。クリームを皿に少し絞り、イチゴスペシャルを立てて置く。

5 全面に4の白いクリームを絞ってケーキを覆い、耳と鼻になる部分にも絞る。

6 3の黒いクリームで目、鼻、口を絞る。

7 さくらんぼをのせる。

市販のチョコあ～んぱんアレンジ

超簡単にかわいく変身!

材料　5個分

板チョコレート（ミルク、ホワイト）……各1枚

ブルボン「チョコあ～んぱん」……10個

チョコチップ……10粒

チョコペン（黒）……1本

　＊細いチョコペン使用（P11参照）

アイスの棒……5本

作り方

1 ボウルに板チョコレートを割り入れ、湯煎にかけて混ぜ溶かす。

2 アイスの棒にチョコあ～んぱんを2つずつ挿す。

3 1で全体をコーティングし、クッキングシートの上に並べる。

4 チョコが少し固まったら、チョコチップを2つずつ付けて耳にする。

Point｜固まる前に付けると流れ落ちてしまうので、少しだけ固まってから付ける。

5 チョコペンで顔を描く。

Chocolate

市販のチョコケーキアレンジ

市販のケーキをモンスター風にして、即席おうちカフェ!

材料　1個分

有楽製菓「チョコケーキ」……1袋(2枚)
ホイップクリーム……適量
さくらんぼ(缶詰)……1個
チョコペン(黒、白)……各1本

作り方

1 チョコケーキ1枚を裏返し、ホイップクリームを絞る。

2 もう1枚のチョコケーキをのせる。

3 その上にホイップクリームを絞り、さくらんぼをのせる。

4 チョコペンで目玉を作り、貼り付ける。

Cake
Arrangemen

市販のビスケットでマシュマロサンド

サクッとろっと楽しい、一口サイズのお菓子。

材料 約3.5cm大・6個分

ブルボン「プチソルティバタークッキー」
……12枚

マシュマロ……6個

チョコペン(黒)……1本

＊細いチョコペン使用(P11参照)

作り方

1 耐熱皿にクッキー6枚を裏返して並べ、その上にマシュマロをのせる。

2 600Wの電子レンジで15秒程度加熱する。

3 マシュマロが固まらないうちに残りのクッキーで挟む。

Point｜マシュマロがあまり溶けておらず、くっつかない場合は、10秒程度追加で加熱する。

4 チョコペンで顔を描く。

Marshmallow Sandwich

オレオロリポップ

オレオを組み合わせて、くまの形にアレンジ。

材料　6個分

板チョコレート（ホワイト）……2枚

オレオ「オレオ バニラクリーム」
　　……6枚

オレオ「オレオ ビッツサンド バニラ」
　　……9枚

市販のマーブルチョコ……6粒

チョコペン（黒）……1本

アイスの棒……6本

作り方

1 ボウルに板チョコレートを割り入れ、湯煎にかけて溶かす。

2 オレオクッキーを耐熱皿にのせ、500Wの電子レンジで10秒温め、剥がして2枚にわける。オレオ ビッツサンドも同様に加熱して2枚に剥がし、中のクリームを取り除く。

3 オレオクッキーのクリームを剥がした面の上の方2か所に▌を垂らし、オレオ ビッツサンドを半分程度はみ出るように貼り付ける。オレオクッキーの中心より少し下に▌を垂らしてアイスの棒をつけ、オレオクッキー全体に▌を垂らしてオレオクッキーをのせて挟む。

4 中心より少し下の位置に▌を垂らし、オレオ ビッツサンドを貼り付け、冷蔵庫で10分程度冷やし固める。

5 スプーンで全体に▌をかけてコーティングし、チョコが固まる前に鼻の部分にマーブルチョコをのせる。

6 チョコペンで目を描き、冷蔵庫で冷やす。

Column

かわいいラッピング方法

かわいいお菓子を作ったら、誰かにプレゼントしたい！ここではいくつか、おすすめのラッピング方法をご紹介します。
100円ショップなどで手に入る道具を使っているので、ぜひ真似してみてください。

＊チョコレートがしっかり固まってからラッピングし、持ち運びには気をつけてください。

透明の袋に入れて、白いペンでメッセージや贈る相手の名前を書いてみる。

透明の袋に入れて、リボンで結ぶのもかわいい。

Heart Cookie

クラフト紙にお菓子の名前やメッセージを書いて、ホッチキスで留める。

ボリュームのあるお菓子は、
中身が見える箱に入れて。

紙製のランチボックスに
入れて。ふたにメッセー
ジを書いても◎

透明のケースに入れると、
中身が見えてかわいい。

matcha financier's

131

主な食材別INDEX

小麦粉・ミックス粉

・強力粉

カヌレ ……… 38

フルーツパウンドケーキ ……… 44

・薄力粉

着ぐるみ絞り出しクッキー ……… 16

チョコくまミニブッセ ……… 18

クッキー型で作る
ガレットブルトンヌ ……… 20

アニマル柄クッキー ……… 22

お花クッキーサンド ……… 26

ブラウニークッキー ……… 28

ガナッシュクッキー ……… 30

いちごジャムクッキー ……… 32

鳥のショートブレッド ……… 36

カヌレ ……… 38

うさぎビスコッティ ……… 40

ドレンチェリーカップケーキ ……… 42

フルーツパウンドケーキ ……… 44

レモンティグレ ……… 46

抹茶フィナンシェ ……… 48

ベイクドチーズケーキ ……… 56

ミルクティーシフォンサンド ……… 58

バナナタルト ……… 60

台湾カステラ ……… 62

センイルケーキ ……… 64

ハート型ガトーショコラ ……… 90

いちごスモアクッキー ……… 92

クッキー板チョコ ……… 94

ハートクッキー ……… 96

デコスティッククッキー ……… 104

クリスマスツリー＆
トナカイ絞り出しクッキー ……… 106

トースターでも焼ける
モンスター塩クッキー ……… 118

トースターでも焼ける
スコーンクッキー ……… 120

・ベーキングパウダー

クッキー型で作る
ガレットブルトンヌ ……… 20

ブラウニークッキー ……… 28

ガナッシュクッキー ……… 30

うさぎビスコッティ ……… 40

ドレンチェリーカップケーキ ……… 42

フルーツパウンドケーキ ……… 44

いちごスモアクッキー ……… 92

トースターでも焼ける
スコーンクッキー ……… 120

・ホットケーキミックス

ロータス抹茶ブラウニー ……… 50

オレオブラウニー ……… 78

オレオマフィン ……… 80

くまダブルチョコスコーン ……… 82

くまシュークリーム ……… 84

プリンカップケーキ ……… 86

焼きチョコドーナツ ……… 87

雲ソフトクッキー ……… 88

ミイラマドレーヌ ……… 98

コウモリかぼちゃマフィン ……… 100

レンジで作れるブラウニー ……… 122

卵

・卵

チョコくまミニブッセ ……… 18

ブラウニークッキー ……… 28

カヌレ ……… 38

ドレンチェリーカップケーキ ……… 42

フルーツパウンドケーキ ……… 44

ロータス抹茶ブラウニー ……… 50

ベイクドチーズケーキ ……… 56

ミルクティーシフォンサンド ……… 58

台湾カステラ ……… 62

センイルケーキ ……… 64

シリコン型プリン ……… 72

オレオブラウニー ……… 78

オレオマフィン ……… 80

焼きチョコドーナツ ……… 87

雲ソフトクッキー ……… 88

ハート型ガトーショコラ ……… 90

ミイラマドレーヌ ……… 98

コウモリかぼちゃマフィン ……… 100

トースターでも焼ける
スコーンクッキー ……… 120

レンジで作れるブラウニー ……… 122

・溶き卵

アニマル柄クッキー ……… 22

ガナッシュクッキー ……… 30

いちごジャムパイ ……… 34

テリーヌショコラ ……… 54

バナナタルト ……… 60

くまシュークリーム ……… 84

いちごスモアクッキー ……… 92

・卵黄

着ぐるみ絞り出しクッキー ……… 16

クッキー型で作る
ガレットブルトンヌ ……… 20

いちごジャムクッキー ……… 32

うさぎビスコッティ ……… 40

バナナタルト ……… 60

くまバニラアイス ……… 70

卵黄1個で作れるプリン ……… 74

クッキー板チョコ ……… 94

ハートクッキー ……… 96

デコスティッククッキー ……… 104

クリスマスツリー＆
トナカイ絞り出しクッキー ……… 106

トースターでも焼ける
モンスター塩クッキー ……… 118

トースターでも焼ける
スコーンクッキー ……… 120

・卵白

レモンティグレ ……… 46

抹茶フィナンシェ ……… 48

脳みそメレンゲクッキー ……… 102

乳製品

・牛乳

着ぐるみ絞り出しクッキー ……… 16

チョコくまミニブッセ ……… 18

お花クッキーサンド ……… 26

カヌレ ……… 38

ドレンチェリーカップケーキ ……… 42

ロータス抹茶ブラウニー ……… 50

ミルクティーシフォンサンド ……… 58

台湾カステラ ……… 62

センイルケーキ ……… 64

くまバニラアイス ……… 70
シリコン型プリン ……… 72
卵黄1個で作れるプリン ……… 74
オレオブラウニー ……… 78
くまダブルチョコスコーン ……… 82
焼きチョコドーナツ ……… 87
クリスマスツリー&
トナカイ絞り出しクッキー ……… 106
バタフライピー雲ドリンク ……… 112
ダーティーラテ ……… 113
ホットチョコ ……… 114
オレオミルク ……… 116
レンジで作れるブラウニー ……… 122

・クリームチーズ
ベイクドチーズケーキ ……… 56
センイルケーキ ……… 64
オレオチーズグラスケーキ ……… 75

・生クリーム
ガナッシュクッキー ……… 30
ベイクドチーズケーキ ……… 56
センイルケーキ ……… 64
くまバニラアイス ……… 70
モンスター生チョコ ……… 73
オレオチーズグラスケーキ ……… 75
ハート型ガトーショコラ ……… 90
市販のサンドケーキで
犬のハーフケーキ ……… 124

・バター（無塩）
着ぐるみ絞り出しクッキー ……… 16
クッキー型で作る
ガレットブルトンヌ ……… 20
アニマル柄クッキー ……… 22
お花クッキーサンド ……… 26
ブラウニークッキー ……… 28
ガナッシュクッキー ……… 30
いちごジャムクッキー ……… 32
鳥のショートブレッド ……… 36
カヌレ ……… 38
うさぎビスコッティ ……… 40
フルーツパウンドケーキ ……… 44
レモンティグレ ……… 46
抹茶フィナンシェ ……… 48

ロータス抹茶ブラウニー ……… 50
テリーヌショコラ ……… 54
ベイクドチーズケーキ ……… 56
バナナタルト ……… 60
センイルケーキ ……… 64
オレオブラウニー ……… 78
オレオマフィン ……… 80
くまダブルチョコスコーン ……… 82
くまシュークリーム ……… 84
焼きチョコドーナツ ……… 87
ハート型ガトーショコラ ……… 90
いちごスモアクッキー ……… 92
クッキー板チョコ ……… 94
ハートクッキー ……… 96
ミイラマドレーヌ ……… 98
コウモリかぼちゃマフィン ……… 100
デコスティッククッキー ……… 104
クリスマスツリー&
トナカイ絞り出しクッキー ……… 106
トースターでも焼ける
モンスター塩クッキー ……… 118
トースターでも焼ける
スコーンクッキー ……… 120
レンジで作れるブラウニー ……… 122

・ホイップクリーム
ドレンチェリーカップケーキ ……… 42
テリーヌショコラ ……… 54
ミルクティーシフォンサンド ……… 58
カラフルゼリー ……… 68
くまシュークリーム ……… 84
コウモリかぼちゃマフィン ……… 100
バタフライピー雲ドリンク ……… 112
ダーティーラテ ……… 113
オレオミルク ……… 116
市販のチョコケーキ
アレンジ ……… 127

（野菜・果物）

・いちご
ミルクティーシフォンサンド ……… 58
くまシュークリーム ……… 84

・かぼちゃ
コウモリかぼちゃマフィン ……… 100
・レモン（国産）
レモンティグレ ……… 46
レモネード ……… 115
・バナナ
バナナタルト ……… 60

（缶詰）

・好みのフルーツ缶
カラフルゼリー ……… 68
・さくらんぼ（缶詰）
テリーヌショコラ ……… 54
ミルクティーシフォンサンド ……… 58
カラフルゼリー ……… 68
市販のサンドケーキで
犬のハーフケーキ ……… 124
市販のチョコケーキ
アレンジ ……… 127

（その他）

・アーモンドスライス
うさぎビスコッティ ……… 40
・アーモンドプードル
クッキー型で作る
ガレットブルトンヌ ……… 20
お花クッキーサンド ……… 26
フルーツパウンドケーキ ……… 44
レモンティグレ ……… 46
抹茶フィナンシェ ……… 48
ハートクッキー ……… 96
デコスティッククッキー ……… 104
・アールグレイティーバッグの茶葉
ミルクティーシフォンサンド ……… 58
・アガー
カラフルゼリー ……… 68
・アラザンパール
抹茶フィナンシェ ……… 48
センイルケーキ ……… 64
クッキー板チョコ ……… 94

デコスティッククッキー ……… 104
クリスマスツリー＆
トナカイ絞り出しクッキー ……… 106

・板チョコレート（いちご）
クッキー板チョコ ……… 94

・板チョコレート（ダーク）
チョコくまミニブッセ ……… 18
ブラウニークッキー ……… 28
ガナッシュクッキー ……… 30
カヌレ ……… 38
テリーヌショコラ ……… 54
モンスター生チョコ ……… 73
オレオブラウニー ……… 78
ハート型ガトーショコラ ……… 90
ダーティーラテ ……… 113

・板チョコレート（ホワイト）
お花クッキーサンド ……… 26
うさぎビスコッティ ……… 40
抹茶フィナンシェ ……… 48
ロータス抹茶ブラウニー ……… 50
焼きチョコドーナツ ……… 87
クッキー板チョコ ……… 94
デコスティッククッキー ……… 104
チョコレートボム ……… 110
レンジで作れるブラウニー ……… 122
市販のチョコあ〜んぱん
アレンジ ……… 126
オレオロリポップ ……… 129

・板チョコレート（ミルク）
クッキー板チョコ ……… 94
デコスティッククッキー ……… 104
トナカイのパルミカレ ……… 108
チョコレートボム ……… 110
市販のチョコあ〜んぱん
アレンジ ……… 126

・いちごジャム
いちごジャムクッキー ……… 32
いちごジャムパイ ……… 34

・いちごパウダー
いちごスモアクッキー ……… 92

**・オレオ
「オレオ ビッツサンド バニラ」**
オレオマフィン ……… 80
オレオミルク ……… 116
オレオロリポップ ……… 129

**・オレオ
「オレオ バニラクリーム」**
オレオチーズグラスケーキ ……… 75
オレオブラウニー ……… 78
コウモリかぼちゃマフィン ……… 100
オレオミルク ……… 116
オレオロリポップ ……… 129

・ココアパウダー
着ぐるみ絞り出しクッキー ……… 16
チョコくまミニブッセ ……… 18
アニマル柄クッキー ……… 22
ブラウニークッキー ……… 28
ガナッシュクッキー ……… 30
オレオブラウニー ……… 78
くまダブルチョコスコーン ……… 82
焼きチョコドーナツ ……… 87
ハート型ガトーショコラ ……… 90
クリスマスツリー＆
トナカイ絞り出しクッキー ……… 106
チョコレートボム ……… 110
ダーティーラテ ……… 113

・粉ゼラチン
シリコン型プリン ……… 72

・好みの板チョコレート
プリンカップケーキ ……… 86
ホットチョコ ……… 114

・好みの色のチョコペン
デコスティッククッキー ……… 104

・好みの食用色素
カラフルゼリー ……… 68

・好みのドライフルーツ
フルーツパウンドケーキ ……… 44

・好みのナッツ
カヌレ ……… 38

・食用色素（赤）
いちごスモアクッキー ……… 92

クッキー板チョコ ……… 94
ハートクッキー ……… 96
脳みそメレンゲクッキー ……… 102

・食用色素（青）
センイルケーキ ……… 64

・食用色素（黄）
アニマル柄クッキー ……… 22
お花クッキーサンド ……… 26
センイルケーキ ……… 64
クッキー板チョコ ……… 94

・食用色素（黒）
市販のサンドケーキで犬の
ハーフケーキ ……… 124

・スティックコーヒー
ダーティーラテ ……… 113

**・製菓用のコイン型チョコレート
（スイート）**
着ぐるみ絞り出しクッキー ……… 16
ブラウニークッキー ……… 28
チョコレートボム ……… 110

**・製菓用のコイン型チョコレート
（ホワイト）**
くまバニラアイス ……… 70
チョコレートボム ……… 110

・チョコスプレー（茶）
モンスター生チョコ ……… 73

・チョコスプレー（ミックス）
焼きチョコドーナツ ……… 87

・チョコチップ
くまダブルチョコスコーン ……… 82
トースターでも焼ける
スコーンクッキー ……… 120
市販のチョコあ〜んぱん
アレンジ ……… 126

・チョコペン（赤）
チョコレートボム ……… 110

・チョコペン（青）
いちごジャムパイ ……… 34
鳥のショートブレッド ……… 36
雲ソフトクッキー ……… 88
ハートクッキー ……… 96

トースターでも焼ける
モンスター塩クッキー ……… 118

・**チョコペン（オレンジ）**
チョコレートボム ……… 110

・**チョコペン（黄）**
鳥のショートブレッド ……… 36

・**チョコペン（黒）**
着ぐるみ絞り出しクッキー ……… 16
チョコくまミニブッセ ……… 18
ブラウニークッキー ……… 28
いちごジャムクッキー ……… 32
カヌレ ……… 38
うさぎビスコッティ ……… 40
フルーツパウンドケーキ ……… 44
ロータス抹茶ブラウニー ……… 50
くまバニラアイス ……… 70
モンスター生チョコ ……… 73
オレオブラウニー ……… 78
オレオマフィン ……… 80
くまシュークリーム ……… 84
焼きチョコドーナツ ……… 87
雲ソフトクッキー ……… 88
クッキー板チョコ ……… 94
ハートクッキー ……… 96
ミイラマドレーヌ ……… 98
コウモリかぼちゃマフィン ……… 100
脳みそメレンゲクッキー ……… 102
クリスマスツリー＆
トナカイ絞り出しクッキー ……… 106
トナカイのパルミカレ ……… 108
チョコレートボム ……… 110
市販のチョコあ〜んぱん
アレンジ ……… 126
市販のチョコケーキ
アレンジ ……… 127
市販のビスケットで
マシュマロサンド ……… 128
オレオロリポップ ……… 129

・**チョコペン（白）**
着ぐるみ絞り出しクッキー ……… 16
ブラウニークッキー ……… 28
いちごジャムパイ ……… 34
鳥のショートブレッド ……… 36

カヌレ ……… 38
フルーツパウンドケーキ ……… 44
ロータス抹茶ブラウニー ……… 50
モンスター生チョコ ……… 73
オレオブラウニー ……… 78
オレオマフィン ……… 80
くまダブルチョコスコーン ……… 82
焼きチョコドーナツ ……… 87
雲ソフトクッキー ……… 88
ハート型ガトーショコラ ……… 90
ハートクッキー ……… 96
ミイラマドレーヌ ……… 98
コウモリかぼちゃマフィン ……… 100
脳みそメレンゲクッキー ……… 102
クリスマスツリー＆
トナカイ絞り出しクッキー ……… 106
トナカイのパルミカレ ……… 108
チョコレートボム ……… 110
トースターでも焼ける
モンスター塩クッキー ……… 118
レンジで作れるブラウニー ……… 122
市販のチョコケーキ
アレンジ ……… 127

・**チョコペン（ピンク）**
レンジで作れるブラウニー ……… 122

・**ドレンチェリー（赤）**
ドレンチェリーカップケーキ ……… 42

・**バタフライピーの花びら**
バタフライピー雲ドリンク ……… 112

・**はちみつ**
レモネード ……… 115

・**バニラエッセンス**
着ぐるみ絞り出しクッキー ……… 16
ブラウニークッキー ……… 28
ガナッシュクッキー ……… 30
バナナタルト ……… 60
くまバニラアイス ……… 70
シリコン型プリン ……… 72
いちごスモアクッキー ……… 92
コウモリかぼちゃマフィン ……… 100
クリスマスツリー＆
トナカイ絞り出しクッキー ……… 106

トースターでも焼ける
スコーンクッキー ……… 120

・**ブラックココアパウダー**
アニマル柄クッキー ……… 22
ミイラマドレーヌ ……… 98

・**粉糖**
お花クッキーサンド ……… 26
レモンティグレ ……… 46

・**マシュマロ**
いちごスモアクッキー ……… 92
チョコレートボム ……… 110
市販のビスケットで
マシュマロサンド ……… 128

・**抹茶パウダー**
抹茶フィナンシェ ……… 48
ロータス抹茶ブラウニー ……… 50
クリスマスツリー＆
トナカイ絞り出しクッキー ……… 106

・**ミニプレッツェル**
クリスマスツリー＆
トナカイ絞り出しクッキー ……… 106
トナカイのパルミカレ ……… 108

・**ミニマシュマロ**
抹茶フィナンシェ ……… 48

・**ラム酒**
カヌレ ……… 38
フルーツパウンドケーキ ……… 44
センイルケーキ ……… 64

・**冷凍パイシート**
いちごジャムパイ ……… 34
トナカイのパルミカレ ……… 108

・**レモン汁**
レモンティグレ ……… 46
ベイクドチーズケーキ ……… 56

・**ロータスビスコフ**
「オリジナルカラメルビスケット」
ロータス抹茶ブラウニー ……… 50

作りたい！ 贈りたい！
世界で1番かわいいお菓子

こぐまいたん 著

2024年1月22日　初版発行
2024年3月20日　2版発行

発行者　横内正昭
編集人　青柳有紀
発行所　株式会社ワニブックス
　　　　〒150-8482
　　　　東京都渋谷区恵比寿4-4-9 えびす大黒ビル
　　　　ワニブックスHP　http://www.wani.co.jp/
　　　　（お問い合わせはメールで受け付けております。
　　　　HPより「お問い合わせ」へお進みください）
　　　　＊内容によりましてはお答えできない場合がございます。
印刷所　TOPPAN株式会社
DTP　　株式会社オノ・エーワン
製本所　ナショナル製本

デザイン　　中村 妙
撮影　　　　中垣美沙、
　　　　　　こぐまいたん（P10-13、P76）
スタイリング　片山愛沙子
調理　　　　北林香織（エーツー）
調理補助　　杉山奈津子、堀金里沙、石川みのり（エーツー）
校正　　　　麦秋新社
編集　　　　安田 遥（ワニブックス）